緊急提案!

現代版「ノアの方舟」を建造せよ!

宇宙規模の破壊的災害からの脱出方法

河村龍一

ライトワーカー

はじめに――このままでは人類は必ず滅亡する

はじめまして。

元刑務官の河村龍一と申します。

私は、長年にわたり刑事司法の現場に携わってきましたが、この国の司法に内在する不備・不条理に義憤が湧き起こり、刑法厳罰化および犯罪被害者支援活動の一環として、二冊の書籍を出版しました。

そのような経緯があるにせよ、元刑務官が専門外の本を書いて大丈夫なのか？　信憑性はあるのか？　などと疑問を持たれる読者も多いと思います。

私自身、「一大異変」だと自覚しています。ですが、私以上に「一大異変」なのが現在の「地球」です。

私のような門外漢でも、近年の異常気象をはじめ、地球の状態は明らかにおかしいのではないかとの不安が日々増大し、世界各国の専門機関やメディアから発信される最新情報を参考に、地球の現況をくまなく調べてみました。

すでに気づいている人たちもいるかもしれませんが、今、私たちの住んでいる地球には、ただの「異常気象」や「地震・火山の活動期」というだけでは説明のつかない、何かとんでもない異変が起きているようです。

まさに聖書にもあるような「終末」の様相を呈しているのです。

「20年以内に人類が滅亡する」

2016年の大統領選当時、アメリカのホワイトハウスでヒラリー・クリントン陣営のブレーンであるジョン・ポデスタ氏と、クリントン氏の間で送受信された電子メール（通称「ポデスタメール」）の内容の一部にこう記してあったといいます。

にわかには信じ難い驚愕すべきメールをすっぱ抜いたのは、かのジュリアン・アサンジが創設した「ウィキリークス」（註1）です。

そしてこの事実は、すでにNASAでは確認されているそうです。詳細は本文に記載してあります。

さらに、2018年3月に帰らぬ人となった「車椅子の天才物理学者」スティーヴン・ホーキング博士は、死の直前までに執筆していた遺稿『ビッグ・クエスチョン〈人類の難問〉に答えよう』（NHK出版）で次のように述べています。

「100年以内に人類は滅亡する」
「人類のサバイバルは、私たちが宇宙のどこかに新しい居住地を見つけられるかどうかにかかっているのです。なぜなら、大規模災害が地球を滅亡させるリスクが高まっているからです」

そして今、それは現実的な話となってきたのです。

本書はいたずらに人々の恐怖心を煽ることを趣旨とするものではありません。あくまでも人類に明るい未来をもたらすきっかけとなることを願い、地球と人類を救う方法について記述しました。

本書ではさまざまな「終末的災害」を詳述していますが、希望を忘れなければ、必ず素晴らしい未来が到来するという願いを込めて書き綴りました。

すぐに実現できることではないかもしれませんが、今から取り組めば半世紀後には必ずこうなるという「科学的根拠」に基づいた方法を提示しています。

現在の地球は、「地球と人類を救ってくれる人急募！」といった状況まで追い込まれています。本書は、その「求人広告」のようなものかもしれません。

地球温暖化によるスーパー台風の発生と異常豪雨は、世界各国で想定外の被害をもたらしています。

地球的な規模の地殻変動も活発化し、大規模な火山噴火や巨大地震が相次ぎ、それにともなう大津波の被害などが、各国のメディアを通じて毎年のように報じられています。

今まで災害などの問題にあまり関心のなかった方や、国やマスコミが発表する情報がすべてだと思っている方はぜひ、本書を最後まで読んでいただきたく思います。

きっと、これまで報道されてこなかった世界の真相がわかるでしょう。さらに、人生観が180度転換し、新たな時代を知るきっかけとなることでしょう。

そして、地球からの「求人募集」に採用されるのは読者のあなたかもしれないのです。

本書には、UFOやET（地球外知的生命体）に関する情報も掲載されておりますが、UFOやETの問題などは、日本ではバラエティー番組でしか取り扱いません。

しかし、欧州やロシア、アメリカ、カナダなどでは、国家の存亡にかかわる国防上の最重要課題にまで発展しています。

近年、月面着陸した元アポロ14号の着陸船パイロットの故エドガー・ミッチェルや、元米軍関係者、科学者たちが、UFOやETに関する真相について次々と暴露しています。最近では、NASAのアポロ計画に関するすべての公式通信記録が機密指定解除されました。そこには、エイリアンについての詳細が明らかになっているとのことです。

いまだにそれらの問題をバラエティー的な娯楽としか見ないのは、頑なまでの日本人の「思考形態」といってもいいでしょう。

現在、危惧されている南海トラフ巨大震災・首都直下型大地震が連動して発生すれば、少なくても32万人以上の死者が出ると想定されています。

「ああ、そこいらじゅうに遺体が転がっていましたから、歩いていると足に引っかかるんです。暑い日は死体の腐敗した臭いが我慢できませんでした」

「石巻市内だけでも3500人以上が亡くなったから、遺体の焼却が大変でした。ビニールシートにくるまれた遺体を次から次へと焼却炉に運びました。それでも間に合わず、東京とか山形、秋田などの他県にも遺体を運搬しました」

私が勤務するタクシー会社のドライバーたちは、眉をひそめながら当時を振り返っていました。

2019年2月26日、政府の地震調査委員会は、今後30年以内に東北から関東地方沖の日本海溝沿いの海域を震源とするマグニチュード7級の大地震が起きる確率は90%であると公表しました。

今、すぐに発生してもおかしくない巨大震災ですが、国や地方の行政では具体的な対策を講じているのでしょうか。

私がタクシードライバーとして乗務しながら被災地の現状を見ている限り、少なくとも石巻市内では復興工事が予想以上に遅れています。

そのことを証明するかのように、「何が復興五輪だ。そんな状況か！ 国のお偉方も見ればわかるのに…」と、不満を訴える住民が後を絶ちません。

詳細は本文に記述しましたが、震災予知や予測も大事です。

しかし、私は被災地の現状を見るたびに、震災〝後〟に重点をおいた対策が必要だと痛感しています。

冒頭でも述べましたが、私は人類に明るい未来をもたらすきっかけとなることを願って本書を書きました。

ここに、巨大災害時の現実的な避難先である『「現代版ノアの方舟」の建造』と、地上のすべての〝原発ゴミ〟を宇宙に廃棄する『「宇宙エレベーター」の建設』を緊急提案します。

この二つが、未来の人類の存続を可能にする唯一の手段だからです。

現在の人類の科学技術では実現不可能な「夢物語」かもしれません。

しかし、人類には「ひらめき」という「あるサポート」があるのです。

何事も前向きなプラス思考で考えると、必ず「ひらめき」のチャンスをつかむことができますので、諦めないことが肝心です。

その理由は、本書を最後までお読みいただければ、きっと納得されることと思います。

本書の読者の中から、地球の輝ける未来を創造する人物が現われることを私は確信しています。

河村龍一

特別取材レポート

第一章
破局的気象災害が人類を滅ぼす

一　人類滅亡まであと30年!?

２０１９年5月、オーストラリアの独立系の研究機関が、以下のような衝撃的なレポートを発表しました。

「今後30年の気候変動をめぐるリスクを分析した結果、世界の人口の55％にあたる人が、生命の危険がおよぶほどの熱波に襲われ、20億人以上が水不足に苦しめられる。最悪の場合、２０５０年に人類文明が終焉に向かう可能性がある」

実に恐ろしい話ですが、本当なのでしょうか。

レポートによると、２０２０年から２０３０年にかけて二酸化炭素が増え続け、世界の平均気温が1・6℃上昇し、２０３０年から２０５０年は温室効果ガスの排出量は減少するが、気候の問題も加わって世界の平均気温が３℃上昇するというのです。

ちなみに平均気温が1・5℃上昇すると南極の氷床《ひょうしょう》が溶け、2・5℃上がるとブラジルのアマゾンが干ばつとなり、森が枯れ砂漠化も進むといいますから、もし平均気温が３℃も上昇した場合、想像もつかない終末的な災害が人類に降りかかるかもしれません。

南極の氷床の融解に関しては、イギリス・ブリストル大学のジョナサン・バンバー教授が『米国科学アカデミー紀要』において、「２１００年までに氷床の融解による海面上昇は70～１７８センチとなる可能性が非常に高い。これに氷河や氷床の周りの冠氷の影響、さらに海水の熱膨張を含めれば２００センチを超えることはたやすい」と警告しています。

数十年後には地球上の海面が現在よりも2メートル上昇するというのですから、まさに世界地図が一変します。今、数億人が住んでいる地が海の下に沈み、人類の文明はかつてない危機に直面することになります。

そして２０１９年10月1日、それを裏づけるかのようなニュースが飛び込んできました。

南極大陸で3番めに大きいといわれる東岸の「アメリー棚氷《たなごおり》」から、過去50年以上で最大の氷山（日本の佐渡島の2倍弱の面積）が分離したというのです。

欧米の衛星は、9月24日から25日にかけてアメリー棚氷から氷山「D28」が分離する様子を観測し、EUの地球観測計画「コペルニクス」の測定によれば、1582平方キロメートルの範囲におよぶ分離だったとのことです。

アメリカ・カリフォルニア大学スクリプス海洋研究所のヘレン・フリッカー教授は、場所が違いこそすれ今回の分離は前から予想されていたことと述べ、「人々が現象を混同して、これを気候変動だと思わないことが非常に重要だ」と注意を呼びかけています。

しかし、果たしてフリッカー教授の指摘は正しいのでしょうか。

私たちは今、これから人類の存亡を脅かすほどの現象が発生する前兆を目の当たりにしているのではないでしょうか。

私には、朝、目が覚めたら突然、東京都が水没していたというような恐ろしい事態になってもおかしくないほどの、私たち地球人類の「終末のはじまり」とでもいうべき危機的な状況が進行しつつあるように思われてなりません。

さらに、2019年9月24日（現地時間で23日）、ひとりの少女の強い憤りによって全世界に衝撃が走りました。

「あなた方は、私の夢や私の子ども時代を空っぽな言葉で奪った」

「何もかも間違っている。私がこの壇上にいるべきではないし、私は海の反対側で学校にいるべきだ。それなのに、あなた方は私たち若者に頼って希望を求めにくる。よくもそんなことを。多くの人が苦しんで死んでいます。まとまった生態系が次々と崩壊しています。私たちは大量絶滅のはじまりに直面しています」

「なのに、あなたたちはお金の話しかしない。永遠の経済成長なんていう、おとぎ話しかしない……」

スウェーデンの環境保護活動家グレタ・トゥーンベリさん（16歳）は、「国連気候行動サミット」で約60カ国の首脳や閣僚らを前にして、涙を滲ませながら怒りに満ちた口調で演説をし、早急に地球温暖化への対策を講じるように求めたのです。

環境保護活動家とはいえ、弱冠16歳の彼女にここまで勇気ある熱弁を振るわせたのは、熱さに耐えきれない地球自身がまるで彼女に代弁をさせたかのようにさえ思われます。

彼女にこのような行動を起こさせるほどに、事態は逼迫《ひっぱく》しているということなのかもしれません。

実際、彼女の言うとおり、地球の温暖化は非常に深刻な状況にもかかわらず、ブラジルでは〝永遠の経済成長というおとぎ話〟のために木々が焼き払われ、森林破壊が横行しています。その影響で現在もアマゾン熱帯雨林では、何千件もの森林火災が猛威を振るっているのです。

それは過去10年で最大規模の火災ともいわれ、ブラジル国立宇宙研究所（ＩＮＰＥ）によると同国ではアマゾン地域を中心に、２０１９年の森林火災の発生件数は２０１８年の同時期と比べて85％も増加しているとのことです。

同研究所の人工衛星データでは、２０１９年1月〜8月21日の間に7万５０００件以上の森林火災が発生したことになり、２０１３年の観測開始以降最大を記録し、２０１８年の同期間の３万９７５９件を大きく上回ったのです。

「私たちが訪れた部分だけでも、わずか4日間にサッカー場１６００個分の森林が火災によって消滅していた」

ブラジル北部パラ州の上空を小型飛行機で飛んだウィル・グラント氏（ＢＢＣ南アメリカ特派員）は、激しい森林火災の状況についてこのように報告しました。

また、ＥＵのコペルニクス気候変動サービス（ＣＡＭＳ）によれば、火災の煙は大西洋岸まで到達しており、今年に入ってからアマゾンの森林火災で1億1700万トン相当の二酸化炭素（CO2）が排出されたことを明らかにしました。これは2010年以降でもっとも多い量です。

地球の酸素の20％を担う肺ともいわれるアマゾンの熱帯雨林は、地球の二酸化炭素の巨大な貯蔵庫としての役割も果たしており、水蒸気を作り出し、そこから雲が発生して南米大陸全体に雨を降らせているのです。

また、世界最大の熱帯雨林を擁するアマゾン盆地はCO2を吸収するため、地球温暖化を緩和する大事な要《かなめ》ともなっています。

アメリカ海洋大気庁（NOAA）は、アマゾンの火災をこのまま放置すれば地球全体の平均気温の上昇につながると危惧しており、2019年7月の世界の地表面と海面の温度は観測史上もっとも高かったことを明らかにしています。

さらにブラジルの生態学者たちは、このままでは熱帯雨林は回復不可能になるまで破壊されると懸念しています。

アマゾン火災は〝お金の話しかしない〟者たちによる人災ともいわれており、グレタ・トゥーンベリさんら環境保護活動家によって、環境保護よりも森林開発を優先するジャイル・ボルソナロ政権が、森林に火をつけることを奨励したことが火災多発の原因だと非難しています。

一方、文字どおり「火に油を注ぐ」ことを奨励しているボルソナロ大統領は、アマゾン熱帯雨林が〝人類の遺産〟や〝地球の肺〟と表現されているのは「誤った考えだ」と開き直り、外国メディアが事態をセンセーショナルに伝えていると逆ギレして、ブラジルは今回の火災に対処する手段を持っていないなどと放言している始末です。

しかも、〝永遠の経済成長というおとぎ話〟を信仰しているボルソナロ大統領は事態を放置する考えのようです。

グレタ・トゥーンベリさんの悲痛な訴えも重要ですが、それ以上に気になるのは同サミットにわずか15分間だけ出席したトランプ大統領の言動でした。

すぐに退席したトランプ大統領は、記者からの質問に複雑な表情を浮かべながら、気候行動サミットを軽んじる意図はないと主張し、「今回の洪水(テキサス州ヒューストンの水害)は私にとってきわめて重要であり、気候変動は非常に重要だ」と、9月22日にホワイトハウスを出発する際に事前に受けたレクチャーについて言及しました。

一見すると地球温暖化には無関心を装っているトランプ大統領ですが、NASAなどの科学研究機関から宇宙的規模の環境異変に関する最新情報の報告を受けており、すべてを掌握しているトランプ大統領はおそらく本当は次のように述べたかったはずです。

「温暖化の原因は人類が排出した二酸化炭素だけではない。ほかにも要因がある。それに現在の地球は温暖化以外にもいくつかの危機に直面している。もはや人類にはなす術がない。近い将来、人類は滅亡するかもしれない」と。

トランプ大統領は立場上、人類にとって最悪な危機の真相については公開できないでいるのです。

そこで今回、私が入手した情報すべてを公開します。荒唐無稽な話だと思われる読者も多いでしょうが、本書で述べることは事実です。

一般のメディアでは報道されなかった世界各国の環境異変と想像を絶する地球温暖化の現況、巨大地震発生の予兆やスーパー台風襲来などについても最新の科学的データをもとに記述しました。

実は、私は本書を執筆していると、ある不安が過りました。日ごとにその不安は募るばかりです。

それは近い将来、ノアの洪水をはるかに上回るような想像を絶する終末的災害が地球を急襲するのではないかということです。

近年の記録的豪雨やアマゾン火災の報道などを見るにつけ、私はどうやらこれは地球上の生物の大量絶滅を暗示しているのではないかと強く感じるようになったのです。

先般、そのことを裏づけるような実にそら恐ろしいニュースが報道されました。以下、産経ニュースデジタル版より一部引用します。

「地球では過去5億年の間に、恐竜など生物種の大量絶滅期が5回発生したが、現在は6度目の大量絶滅期に入り、人類を含むすべての種が危機にさらされている」

この衝撃的な研究論文は、イギリスの科学誌『ネイチャー・コミュニケーションズ』(２０１９年8月11日付)で発表されました。

現在、人類の活動によって自然環境の破壊が進んでいる地球の状況は、過去の大量絶滅の原因となった気候の激変と類似しているそうです。

過去に5回発生したという「生物の大量絶滅」について触れてみます。

アメリカの科学系ニュースサイト『サイエンス・デイリー』やＡＦＰ通信などによると、最初の大量絶滅期はオルドビス紀末(4億８５００万年~4億４４００万年前)に訪れ、三葉虫やサンゴ類など全生物種の85%が絶滅しました。史上2番めに大きい絶滅とされています。

2度目はデボン紀後期（3億8300万年～3億5900万年前）で、海の酸素濃度が急激に低下する「海洋無酸素事変」が何度も起きていたことから、2500万年ほどの間に海洋生物を中心に全生物の82％が絶滅。

3度目が約2億5100万年前のペルム紀末で、絶滅率は地球史上最大の「大絶滅」といわれる90％であり、6万年ほどの間に海に棲む生物種の96％、陸に棲む生物種の4分の3が死に絶え、世界の森は消滅し、再生には1000万年もかかったそうです。

大絶滅の最大の原因は「シベリア・トラップ」という巨大火山の噴火でした。少なくとも14・5兆トンの炭素が放出されたため、地球温暖化の影響によって噴火から100万年後には海水と土壌の温度は14～18℃上昇し、2億5050万年前には赤道の海水の表面温度は40℃にもなり、赤道付近には魚はほとんど生息していなかったようです。

4度目は三畳紀末（2億1000万年前）で絶滅率は80％。三畳紀の終わりには大気中の二酸化炭素濃度は4倍に上昇し、平均温度は3～6℃上昇しました。

原因としては、中央大西洋マグマ分布域から大量の温室効果ガスが放出されたからではないかと推測されています。

二酸化炭素濃度の上昇は三畳紀の海を酸性化させ、海洋生物が炭酸カルシウムから殻を作るのを難しくしたようです。

陸上でもっとも優勢な脊椎動物はワニ類でしたが、今よりもはるかに大型で多様だったワニ類の多くは絶滅し、その後、初期の恐竜が急速に多様化していきました。

そして、5度目の絶滅期は約6600万年前の白亜紀末に起きました。小惑星の衝突が原因とされ、1億5000万年の間地球に君臨していた恐竜も滅び、絶滅率は70％で比較的短期間に進行しました。

以上ですが、イギリス・リーズ大学のアレキサンダー・ダンヒル教授らは、「小惑星衝突」という例外的な原因による5度目ではなく、4度目の大量絶滅期に着目しました。

なぜなら、三畳紀末からジュラ紀の恐竜を含む脊椎動物の化石の記録を詳細に調べたところ、この時代は火山などの噴火によって二酸化炭素などの温室効果ガスが大量に放出されており、現在の地球と類似した温暖化が進行していたことがわかったからです。

ダンヒル教授は、「われわれは人類の活動によって、4度目の大量絶滅期と同じ状況を猛スピードで作り出している」と指摘し、「（人類の活動による）自然環境の破壊や自然からの搾取が、新たな大量絶滅の主な原因になっている」として、人類自らが絶滅の危機を招いていることを警告しています。

どうやら、「人類滅亡まであと30年」のようです。

記録的な豪雨災害の脅威

先述のアマゾンの大規模な森林火災の影響もあるのかもしれませんが、日本国内では最近、巨大地震や火山噴火だけではなく、地球温暖化による「記録的豪雨」の被害も想定を超える甚大なものであり、いつどこで発生するのか予測することさえ困難な状況です。

例年、梅雨入り前後から記録的な豪雨によって、想定外の山津波や崖崩れ、洪水被害などが発生し、これまで安全な場所と指定されてきた「避難先」でさえ罹災《りさい》してしまうなど、多くの犠牲者が出ています。

また、記録的豪雨による「大雨特別警報」（註2）が発せられたとしても、「避難先がどこにもない」という異常事態が続いているのです。

２０１８年7月、西日本地方を襲った破局的な異常豪雨により、同地方を中心に多くの地域で河川の氾濫や浸水害、土砂災害が発生し、死者２６３人、行方不明者8人の犠牲者が出る被害となりました(2019年8月現在)。

平成に入ってからの豪雨災害としては初めて死者が100人を超える事態となり、昭和に遡れば1982年7月、300人近い死者・行方不明者を出した「長崎大水害」以降、最悪の被害となったのです。

当時、7月6日の17時10分に長崎、福岡、佐賀の3県に、続いて19時40分に広島、岡山、鳥取、そして22時50分には京都と兵庫にと、一日で8府県に「大雨特別警報」が発表されました。

さらに翌7日の12時50分には岐阜県、8日の5時50分には高知と愛媛の2県にも大雨特別警報が発表され、最終的には運用を開始して以来、最多となる計11府県で大雨特別警報が発表されました。

そして2019年、九州地方を中心にまたもや記録的豪雨災害が発生しました。続いて台風15号も千葉県に上陸し、これまでになかった甚大な被害をもたらしたのです。

佐賀県などの記録的大雨や台風10号をはじめ13号、千葉を襲った台風15号、宮崎県延岡市で竜巻をともなう被害をもたらした台風17号など、2019年の8~9月に起きた一連の災害は「激甚災害」(註3)に指定されました。

九州北部豪雨では50年に一度の記録的な大雨が降り、佐賀県武雄市では浸水被害を受けた住宅から女性（96歳）の遺体が見つかるなど死者は4人、避難者は6県で1900人を超えました。

9月9日に千葉県に上陸した台風15号の被害では死者ひとり、負傷者150人、県内の損壊した住宅は2万棟を超え、全壊198棟、半壊1958棟、一部損壊は3万3377棟でした（2019年10月10日現在）。

最大瞬間風速は千葉市で57・5メートル、館山市で52メートルと記録を更新し、いずれも観測史上1位となり、各地ではかつてない強風による家屋の被害に加え、15日という長期間にわたる停電が人々を苦しめました（県内の停電発生件数は64万戸）。

停電の最大の要因は記録的な暴風と倒木です。電柱や鉄塔は毎秒40メートルまでの強風に耐えられるように設計されていますが、設置基準をはるかに超える暴風によって倒壊してしまったのです。

停電が長期化したエリアの多くでは、山間部で倒木が電柱に倒れかかったり、事故現場への道をふさいだりして停電を長期化させたのです。

こうなると今後は、日本全国どこの地域でも千葉県に上陸した台風と同レベルの台風に急襲されることを想定しておかなければなりません。

「命にかかわるような危険な災害がいつ起こってもおかしくない状況です。ただちに命を守る行動をしてください！」

「今回の豪雨はこれまでにない記録的な異常豪雨です。大雨が短時間・局地的ではなく、長時間・広範囲におよんでいます！」

「平成30年7月豪雨災害」の被災状況
（読売新聞）

気象庁をはじめ各メディアのニュースでは、緊迫した状況について繰り返し警報を発表していました。

しかし、かつてないほどの危険きわまりない災害の発生に、どうやって「命を守る」のでしょうか。「どこへ」、「どのような方法」で避難したらよいのでしょうか。

右の写真のような状況において、「自宅の2階以上など、少しでも安全な場所へ移動し、ただちに命を守る行動をしてください」とは、あまりにも無責任な避難指示とはいえないでしょうか。

〝助かるも被災死するも運次第〟では困るのです。

国は何のために毎年、災害対策と称して科学者たちに高額な血税を支払っているのでしょうか。「気象災害」から国民を守る術《すべ》を具体的に提示する責務があると思います。

今のままでは、「南海トラフ巨大地震」や「首都直下型大地震」などが発生する以前に、「異常豪雨災害」に見舞われた地域から壊滅状態になりかねません。

今世紀最強の〝スーパー〟台風21号

２０１８年8月28日午前9時、南鳥島近海で発生した台風21号は、地球温暖化が生んだ〝スーパー台風〟ともいうべきものでした。

かつてない最強の台風は、発達しながら西よりに進み、９月４日の正午ごろに徳島県南部に上陸しました。

午後2時ごろには、非常に強い勢力を保ったまま兵庫県神戸市付近に再上陸したのですが、「非常に強い」勢力のまま上陸するのは25年ぶりだそうです。

〝バケモノ台風〟21号は関西や福井県などを直撃し、14人が死亡、1000人近くが負傷するなど、各地に甚大な被害をもたらしました(2019年8月現在)。

各地の最高潮位も大阪で329センチ、和歌山県で316センチなど、観測史上1位を記録し、最大瞬間風速でも大阪・田尻町の関西国際空港で58・1メートルをはじめ、和歌山市、福井・敦賀市、東京・八王子などで観測史上1位の記録を更新しました。

1961年の第2室戸台風以来、観測史上最大の瞬間風速を記録した関西空港では、高潮で滑走路が水没し、広範囲で浸水したほか、強風で流されたタンカーが空港連絡橋に衝突して橋の一部が損壊、約5000人が取り残される事態となったことは記憶に新しいと思います。

気象庁によると、2018年は6月から8月までに過去最多となる18個の台風が発生したことになります。また、6~8月の東日本の平均気温は1946年の統計開始以来もっとも高くなり、西日本は史上2番めの暑さとなりました。

国連の「気候変動に関する政府間パネル」(IPCC)の特別報告書では、現状のペースで温室効果ガスの排出が続くと、2040年ごろには19世紀後半に比べて世界の平均気温が1・5℃上昇することになるそうです。

また、2013年に発表された『IPCC第5次評価報告書』(以下『AR5』)によれば、気候システムが温暖化していることは疑う余地がなく、1950年代以降に観測された多くの変化は、数十年から数千年間と中長期的スパンにわたって前例のないものだとのことです。

『AR5』では、こうした地球温暖化の主な原因は人間活動にあるとしています。気候に対する人為的影響は、大気と海洋の温暖化や世界の水循環の変化、雪氷の減少、世界平均海面水位の上昇、およびいくつかの気候の極端な現象の変化において検出されているといいます。

そして、人間活動による地球温暖化を止めない限り、豪雨や猛暑の頻度は今後も増え続け、降水量や最高気温の記録が更新され続けることが予想されるというのです。

これまでの豪雨や猛暑の報道では、「過去の常識が通用しない」との解説が繰り返されてきましたが、地球温暖化が続く限りは、「これまでの常識が通用しなくなり続け、これからも豪雨や猛暑は増え続ける」ということです。

そのことを証明するかのように、2018年に発生した〝スーパー台風〟21号は「今世紀最強」といわれましたが、さらにそれを上回る台風22号(マンクット)が同年の9月に発生しました。

気象庁によると、猛烈な台風22号は中心気圧が905ヘクトパスカルと2018年でもっとも低く、最大風速55メートル、最大瞬間風速が80メートルで、21号の記録を簡単に更新してしまいました。

その後、台風22号は猛烈な勢力を保ったまま西へ進み、フィリピンのルソン島北部に上陸して土砂崩れなどが発生し、81人の死者が出ています。

台風22号はさらに香港の南の海上を通過、香港では豪雨や3・5メートルの高潮と洪水に見舞われ、気象当局が警戒レベルを最高の「T10」に引き上げました。およそ400人が負傷したほか、その後上陸した中国南部・広東省でも4人が死亡、240万人以上が避難を余儀なくされたのです。

先述の『AR5』で警告しているように、今後発生する台風は「今世紀最強」といわれた台風21号と同等か、台風22号のようにそれを上回る勢力になることが予想されます。

つまり、「今世紀最強」クラスの台風が「普通の台風」となり、これからも頻発する可能性が高いということです。

台風21号の被害に遭った大阪市港区の女性(77歳)は、自宅マンションの室内に避難していたにもかかわらず、飛んできたトタンが8階の部屋の窓ガラスを突き破り、顔を切るなどして亡くなりました。

マンションのような頑丈な構造の建物に避難していても身の安全を確保できないのですから、これまでの防災体制を根本的に見直す必要があります。

台風21号よりも大型の台風22号は、香港の九龍半島南部の住宅・商工業地域、紅カンにある高層ビルの窓ガラスを強風で吹き飛ばし、上の写真のようにまるで「蜂の巣」のような状態にしました。

台風22号による強風で香港の高層ビルの窓が「蜂の巣」状態に。『Record China』より

そして9月だけでも、23号・24号・25号と「最強の台風」が連続して発生し、24号は日本列島を縦断するなど、各地に甚大な被害をもたらしたのです。

先の国連の報告書によれば、現状のままだと19世紀後半より世界の平均気温が1・5℃上昇するのは2040年ごろとのことですから、それまでに日本国内では、年々巨大化する台風の直撃によって、ほとんどの市町村が壊滅状態になるかもしれません。

2019年の台風19号は日本壊滅へのカウントダウン

２０１８年、石巻市内でタクシーに乗務中、私が西日本豪雨災害や台風21号などの話をして台風の危険性について説明しても、乗客たちは、

「ここは、また大きな地震はあるかもしれないが、台風は大丈夫ですよ」

「昔から、石巻に来るころには台風も勢力を落として、大した被害はなかったですよ」

として失笑され、ほとんど相手にされませんでした。

私は、(まるで洪水の前のノアのようだな)とちょっと落ち込んでいました。

しかし２０１９年10月12日、伊豆半島に上陸した台風19号は関東から東北を襲い、宮城県石巻市内では13日午前0時半に大雨特別警報が発表され、最大瞬間風速34・2メートル、降水量２４７ミリ、死者３人、停電３５４０戸、最大で１０５４世帯２２１８人にいたる避難者を出すという大被害となったのです(２０１９年10月13日現在)。

左頁の写真のような事態になるにおよび、今度は乗客のみなさんは口々に、

「こんな大雨と風は、石巻では初めてだ……」

「まさか、台風でここまで川が氾濫するとは……」

「台風で人が死ぬなんてことは、これまで石巻では聞いたことがない……」

と茫然としていました。

実は、2018年の台風被害や西日本豪雨災害が発生してから、私は『AR5』で警告していたように近い将来、もはや台風などのレベルでは表現できない「破局的気象災害」が、日本列島の場所を問わず毎年襲ってくるかもしれないと危惧していたのです。

それは現実のものとなり、2019年10月12日には13都県（東京、神奈川、静岡、長野、山梨、埼玉、群馬、茨木、栃木、新潟、福島、宮城、岩手）の各地域に「大雨特別警報」が

石巻市水沼地区の真野川上流
（2019年10月16日／河村龍一撮影）

発表されるなど、これまでにない記録的な災害を全国にもたらしてしまったのです。
10月29日の現在でも、被害状況の全容がいまだ解明されていないという異例な状況が続いています。現時点の被害状況は以下のとおりです。

○死者、不明者、負傷者（2019年10月29日現在／NHK調べ）

被災死者　88人（福島30、宮城19、神奈川14、栃木4、群馬4、長野4、埼玉3、岩手2、茨城2、静岡3、千葉1、東京1、兵庫1）

行方不明者　宮城や神奈川など6つの県で7人

負傷者　33の都府県で398人

○住宅の浸水・損壊被害（同）

全国で約6万9934棟以上の住宅が浸水、約9062棟の住宅が全半壊または一部損壊の被害を受けました。

床上浸水　栃木県、長野県など17の都県で3万3320棟

床下浸水　　埼玉県、静岡県など21の都県で3万6614棟
全半壊　　岩手県、茨城県など14の都県で4097棟
一部損壊　　東京都、神奈川県など27の都道府県で4965棟

○堤防の決壊（同）
広範囲にわたって堤防の決壊や川の氾濫が発生し、堤防の決壊は71河川の140カ所で起きました。

なお、貯水量が増えたダムが流入量と同じ水量を下流に流す「緊急放流」を行なうなど、重大な事態が相次いだ背景について新潟大学の安田浩保准教授（河川工学）は、「気候が大きく変動し、20世紀に想定した降雨をはるかに超え、防災施設の能力が追いつかない状況だった」と説明していました。

○降雨量（48時間、すべて観測史上1位の記録）
各地で年間降水量の3～4割にあたる雨がわずか一日、二日で降るという記録的なものとなりました。

・神奈川県箱根町　1001ミリ
・静岡県伊豆市市山　760ミリ
・埼玉県秩父市の浦山　687ミリ
・東京都檜原村　649ミリ

さらに東北でも断続的に猛烈な雨が降り、13日未明までの24時間の雨量は以下のとおり(すべて観測史上1位の記録)。

・宮城県丸森町筆甫　588・8ミリ
・福島県川内村　441ミリ
・岩手県普代村　413ミリ

○停電戸数

・最大52万1540戸(10月13日0時時点)

・約3万7470戸（東北電力 約1600戸、東京電力 約2万1800戸、中部電力 約1万4070戸）。

台風19号が急速に勢力を拡大した理由については、アメリカ海洋大気庁国立環境情報センターの気象学者ジェームズ・コッシン氏によると、地球温暖化によって海面だけではなく深海も暖められているため、海洋熱が増えて台風を急速に発達させているそうです。

長野県の千曲川の決壊現場
（『産経新聞』2019年10月14日付より）

2019年10月12日に日本列島に上陸した台風19号（気象庁より）

つまり、海洋熱が熱帯低気圧にとっては燃料のような役割を果たしており、燃料の増加によって発達する速度が早まっているということです。

またコッシン氏は、台風19号の移動速度がこれまでの台風に比べて極端に遅い理由についても、地球の温暖化の影響だと指摘しています。

温暖化によって夏の大気の循環が世界的に減速化し、そのことがハリケーンや台風の移動速度も減速化させているとのことです。

移動速度が減速化すれば、台風は同じ地域に長時間留まります。その結果、風雨も長時間もたらされることになり、台風19号は多摩川や千曲川など多くの河川を氾濫させ、箱根町では1000ミリという観測史上最大の降雨量が記録されることになったのです。

暖かい大気はより多くの水蒸気を含むため、大気の気温が1℃上昇すると大気中の水蒸気量は7％増加し、それが雨となって降りそそぐことになります。温暖化は降雨量を増加させてしまうのです。

コッシン氏は、温暖化が進めば海洋に加えられる熱によって、「強大なストームはもっと強大化し、もっと頻繁に起きる」と警告しています。

そうなれば19号のような台風が毎年、日本列島に上陸してくることが予想されます。想像するだけでも恐ろしいことです。

従来の避難施設や「みなし避難施設」として使用される公営住宅などは、今後はまったく通用しなくなるでしょう。

現在、全国各地域に設置されている避難施設は一刻も早く見直されるべきであり、台風19号のような想定外の災害を想定した防災上の観点から、水の惑星地球の特性を活かし、安全な場所まで移動できる避難施設を考案して創設しなければなりません。

二　太陽系の温暖化とポールシフトの予兆

これまで全地球規模の温暖化現象の主な原因は、産業革命以降の人類による二酸化炭素の排出だといわれていましたが、実は温暖化現象は地球だけではなかったのです。

十数年前、NASA(アメリカ航空宇宙局)の惑星探査研究チームが発表した情報によると、火星や冥王星など各惑星の温暖化が観測されていました。

NASAが沈黙する恐るべき情報

「最近は季節感がなくなって、いきなり冬になったり夏になったりして、体がついていかないです。地球がおかしくなったのですかねえ…」

こうした言葉は、私が被災地石巻市に転居してから、ときどき老若男女を問わず多くの人々から聞いています。

たしかに近年の異常気象は、明らかにこれまでの範疇を超えています。地球的規模の気候変動だととらえるべきでしょう。

しかし、温暖化現象とは、実は太陽系全体の現象だったようなのです。

先述のように、NASAは十数年以上も前に、すでに「原因不明の太陽系温暖化現象」について公表していました。

マサチューセッツ工科大学のジェームズ・エリオット氏らが観測データを分析した結果、2000年ごろより冥王星の大気温度が上昇し、大気圧も3倍にふくれ上がって黒点が出現、さらにポールシフト(地磁気の逆転もしくは極移動のこと)まで発生したことが判明したそうです。

冥王星は太陽系の最果てにある準惑星です。太陽の光も届かないこの星で温暖化が起きるということは、太陽活動以外の何かしらの要因があるとしか考えられません。

さらに海王星では、近年の温暖化の影響により新しい黒斑が発見され、衛星トリトンの温度が5％も上昇していることがわかりました。

また、天王星でもポールシフトが推測され、土星では温度が上昇し、輝きが増してオーロラが出現、磁場にも異常が現われていたといいます。

木星でも温暖化が激しく、大赤斑が縮小し、2003年には謎の黒点の出現が認められ、磁場も通常の2倍になっていたのです。

地球の隣の火星は、2000年に地表全域に強烈な砂嵐が発生したほか、極付近の氷が溶けはじめ、すでに50％も溶解している状態とのことでした。さらに金星や水星でも、温暖化現象による惑星規模の異常が確認されています。

しかし、NASAは最近になってから太陽系温暖化現象については、なぜか沈黙を守っています。

よく考えればわかることですが、温暖化現象の最大要因は二酸化炭素だといわれていながら、その大量排出国であるアメリカ、ロシア、中国などが二酸化炭素の排出量を真剣に削減しようとしていないのはなぜでしょうか。

これは私の推測ですが、地球温暖化の原因は、実は人類ごときの小さな存在が排出する二酸化炭素だけではなく、今や太陽系全体が原因不明の温暖化に陥っているからではないでしょうか。

NASAは、宇宙的規模の温暖化現象の事実をすでに公表していましたが、その理由を最近になって解明し、それを公表できないでいるのかもしれません。

地球温暖化現象は、おそらく宇宙に起因する現象なのです。

実際、地球温暖化や氷河期については、現代科学では原因がはっきりとわかってません。

氷河期は1万年前に終わりましたが、過去5~6億年間で、地球上の氷河期は4回あったといいます。原因は地球の公転軌道の変化ではないかというのが、一般的な理論でした。

しかし、氷河期や温暖化現象の真の原因は、銀河系を周回する太陽系の軌道にあるのではないかと思われます。

地球や火星などを含めた太陽系は、銀河系の中心から約3万5000光年離れた「オリオン渦状腕《かじょうわん》」と呼ばれる宇宙空間に位置し、約2億年かけて銀河系を1周しています。

また、銀河系の中心から外縁の銀河宇宙空間に向かって、数本の高エネルギー粒子線が放射されていることは、ＮＡＳＡなどの観測により確認されています。

太陽系がその地点を通過するときに高エネルギー粒子線の影響を受け、人類がまだ解明していない未知なる原因によって、地球温暖化現象や氷河期などが繰り返されるのではないでしょうか。

「アメリカ海洋大気局」（ＮＯＡＡ）は１９９８年８月10日、同年７月をもって地球の観測史上もっとも暑い月になったと発表しましたが、その後、地球の各月の平均気温は毎年連続して最高記録を更新し、地球温暖化の傾向はいちだんと強まっているのです。

南米大陸の突然の移動は何を意味するのか？

『ＺＥＴＡＴＡＬＫニュースレター』のインターネット・ウィークリーニュース記事（２０１７年３月25日付）によると、南米大陸の北部が西側に４０２キロ移動したそうです（図１）。そのため、インドネシアでもプレートが移動して海に沈み込んでいるようで、マリア諸島（プレート）もフィリピン諸島へ移動しているとのことです。

また、その約半年前の２０１６年８月23日、「謎の津波」がブラジルの海岸を襲ったとも

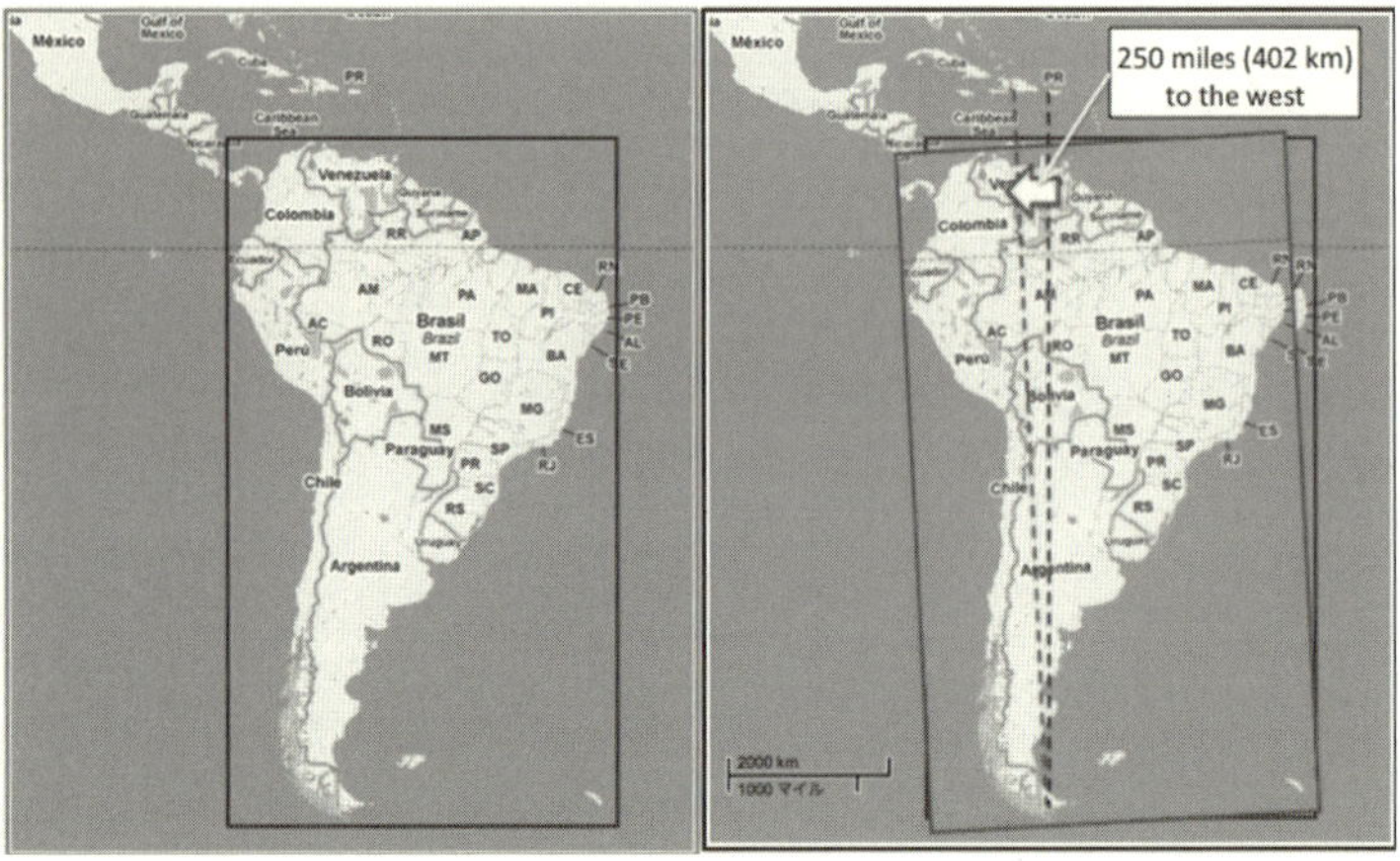

図１　アメリカのネットニュース『Before It's News』(2017年8月15日付）より

いいます。

　強風が原因ではありません。津波は勾配のある海岸に押し寄せた後、沖へ引いていきました。

　この津波によって海岸沿いの地区が一部浸水しましたが、それ以上の被害は出ませんでした。

　同記事によると２０１６年８月９日、カナダやイギリスの日の出の位置が通常よりもはるか南に移動したことがわかっています。北極が数時間で太陽から離れた方向に移動したのです。

　記事では、地球の地軸がぐらついたために南米ロール（横揺れ）が起き、津波を発生させたのではないかと推測しています。実際、ブラジルの海岸の前に南極で津波が観測されています。

　つまり、南米ロールによってブラジル・サントスの海岸から海水が沖へと引っ張られ、南極の海岸沿いに押し寄せた後、再びサントスの海岸に津波が押し寄せたのです。
また同9日には、ブラジルとウルグアイの海岸（南米の東海岸）から潮が遠くまで引き、広大な砂浜が露出しました。地震によるものではありません。津波も発生していませんでした。

一方、反対側のチリの海岸（南米の西海岸）沿いでは高波が押し寄せていました。つまり南米の西海岸では高波が発生し、東海岸では潮が引いているのです。

地球のポールシフトと何か関係しているのでしょうか。

エクアドルの海岸線が後退

また、2018年1月3日にエクアドルで海岸線が突如、原因不明の後退を起こしたことが、現地紙の『mpnoticias.com.ec』により報じられました。

突然「海が消えた」ということですが、海岸線が100メートルも後退し、下の写真のように漁船が砂地に置かれている

海が消えたエクアドルの海岸
『mpnoticias.com.ec』より

状態となっていますが、普段ここは船が停泊している海だったのです。

報道によると、海が消えてから2日後の1月5日、南米のまったく違う場所の海岸でミニ津波が発生したというのです。

コロンビアのエル・ロダデロという海岸で突然、津波のような現象が起きたのですが、原因はまったくわからないそうです。

いずれにしても、太平洋に面した南米エクアドルで海が後退し、カリブ海に面したコロンビアでは原因不明の津波が起きたというわけです。

これらの現象も「地球が揺れ動いた」ことが原因だといわれています。その影響によって、これから南米大陸にM8～M9クラスの大地震が発生し、中米が崩れ落ちるのではないかと危惧されています。

それにしても、そう簡単に揺れ動いてもらっては困るのが日本列島です。

なぜなら、日本列島では海の近くに多くの原発を建設しているからです。

そして、こうした「あり得ないこと」を想定して、原発が建設されているわけではないからです。

イヌイットがNASAに警告

２０１４年に公開されたドキュメンタリー映像『Inuit People on the daily earth wobble,sun moon and stars out of place』／Sourabh Kale）では、カナダの北極圏に住む先住民「イヌイット」たちが、最近の地球に対して異変を感じていると語っています。

そして、地球温暖化現象は温室効果ガスによって引き起こされるというのが通説ですが、驚くべき気象予報能力を持つといわれる彼らは、それを完全に否定したのです。

しかも彼らは、地球の地軸が急激に移動、あるいは「揺れ動いた」ことによって空の様子がおかしくなり、世界各地で多発する異常気象や巨大地震発生の要因になっていると主張しました。

事態を重く見たイヌイットの長老らは、NASAに警告を発し、地球温暖化の本当の原因は「地球の地軸のシフト（極移動）にある」と明言したのです。

何十年も空を見てきた彼らが気づいたのは、太陽の変化でした。太陽が通常あるべき場所より上方に現われるようになり、その影響で日照時間も長くなっているといいます。

ある長老によると、日照時間がほとんどない「極夜」のころになると、日の出とともにアザラシ漁をはじめても、普段は1時間程度で日が暮れてしまうのですが、今では2時間も日が出ているとのことです。

ほかにも多くのイヌイットたちが、太陽の動きの変化に気づいているそうです。たとえば、カナダ・レゾリュートに住むあるイヌイットは、星が見えない日でも地形を頼りに自分がいる位置を把握することができるそうですが、近年では地形と星の位置が対応しなくなってきているといいます。

彼らは、これらの変化は、地球の地軸が傾いたことが原因ではないかと推測しているようです。生活の一部として、空の観測を数千年、数万年単位で行なってきたイヌイットらには、彼ら以外にはわからない微妙な変化を知覚できるのでしょう。

アフリカの「地磁気の異常」は世界を破滅させるか？

ポールシフトは、「極移動」とは別に「地磁気の逆転」を意味する場合があります。地磁気の逆転とは、地球のN極とS極が入れ替わってしまう現象であり、地球上では過去360万年間に11回起きています。

現在、観測されている磁場の低下は、その予兆の一つではないかともいわれていますが、地磁気逆転のメカニズムについては不明な点が多く、予測することは簡単ではありません。その理由の一つがデータの不足です。過去の地磁気がどうだったのか、物理的な証拠を見つけるのは難しいようです。

ちなみに、地磁気の逆転現象が起これば、有害な宇宙線や太陽風などがオゾン層を破壊し、地上に降りそそぐことになります。それらは地球上の全生命にとって大きな脅威となり、大変深刻な影響をおよぼしてしまうのです。

一部には、内部被爆などで突然変異を起こし、絶滅する生物種さえ出てくるのではと危惧されています。

また、通常は地磁気によるローレンツ力(電磁気的な力)で弾かれていた宇宙線の大気圏への入射量が増え、それによって大気が電離することで氷結核が増加し、過冷却状態の水蒸気が凝結して雲の発生が増え、日射量が減少して気候が寒冷化することになり、氷河期の到来など気象変動の要因になるという説があります。

さらに、過去の火星のように水蒸気が水素と酸素に分離し、水素分子が大気圏から離脱することによって大気が減少するとの予測もあります。

最近、そのことを証明するような恐ろしい現象が報告されています。

先述のようにポールシフトには地軸の極点移動と磁極の移動がありますが、近々、磁極が反転する地球規模の大変動が起こり、地球が居住不可能になるかもしれないと科学者らが警鐘を鳴らしているのです。

地球は20万年~30万年周期でポールシフトを繰り返しており、過去360万年の間に11回の反転が起こったとされていますが、地球規模で考えれば決して珍しい現象ではないというのです。

では、次のポールシフトはいつ起こるのでしょうか?

直近のポールシフトは78万年前に起こっています。現在、通常の周期である20万~30万年から大幅に遅延しているので、次のポールシフトはいつ起こってもおかしくない状況にあります。

「欧州宇宙機関(ESA)」の地球磁場観測データによっても、ポールシフトの発生は「差し迫っている」とのことで、ポールシフト発生の前兆もすでに現われており、過去200年間で地球の磁場は20%も弱まっていることがわかっています。

アメリカ・コロラド大学のダニエル・ベイカー教授によると、「もし地磁気の逆転が起これば、発電所が機能せず、〝居住不可能地域〟が出てくる」とのことです。

イギリス・リバプール大学のリチャード・ホーム教授も、その被害は深刻であると警鐘を鳴らしています。

また、ほかの研究者らによると、ポールシフトによりオゾン層が破壊される影響で、放射能を帯びた宇宙線が地球に降りそそぎ、毎年数十万人が死亡するといいます。

地球の磁場が正常化するには、数千年という膨大な時間がかかるといいますから、いったいどれほどの人間が生き残れるのか想像できません。

2018年7月15日、専門誌『GEOPHYSICAL RESEARCH LETTERS』に、アフリカの地磁気の変化に関する新しい論文が掲載されて話題になりました。

論文では、アフリカ南部のリンポポ川流域に住む人々の儀式跡に注目し、西暦425〜1550年の地磁気の変化を推測しています。

南アメリカ大陸から大西洋の南部、そしてアフリカ大陸南部にかけての広い地帯は、「南大西洋異常帯」と呼ばれています。

この地帯は、地球を包む放射線帯であるヴァン・アレン帯が地上近くまで沈み込んでいるため、他の地域と比べて地磁気が弱く、放射線量が高い場所として知られています。

アフリカ南部では、過去160年間に少なくとも2回の急激な地磁気の低下が観測されており、かねてから科学的に注目されていました。

アメリカ・ロチェスター大学の地球科学者ヴィンセント・ヘア氏らは、リンポポ川流域の部族が行なった儀式跡の遺跡を分析し、過去の地磁気についての手がかりを得ました。遺跡の周辺では、かつて小屋や土器などを焼き払う習慣があり、それは干ばつや襲撃などがあったときに、村を清めるために行なわれた儀式だったと考えられています。

1000度以上の高温で焼かれた地面では、粘土の床に含まれた磁性化合物が熔けて、冷えて固まるときに地球の磁場に影響を受けます。そして、現代でも分析可能な磁場の記録が残されたのです。

分析の結果、この地域では過去に磁場の低下が起きていたことがわかりました。西暦400〜450年、700〜750年、1225〜1550年と繰り返し起きていたようで、磁場の形成と減衰のパターンがあることも確認されました。

共同研究者のひとりであるジョン・タルドゥーノ氏は、この地域には、「世界の磁場に大きな影響をおよぼす可能性のある珍しい何か」があると語っています。

現在のところ、磁場に影響を与えていると考えられているのは、アフリカの地下にある

「巨大低せん断速度領域」と呼ばれる領域です。

この領域はマントルの底部から約1000キロメートル上方に広がっており、磁場の発生に役立つ鉄の流れを阻害しているというのです。

今回の研究によって、アフリカ南部の地磁気は1000年にわたって変化していることがわかりました。しかし、地磁気低下のパターンが、「地磁気の逆転」につながるかどうかはいまだ不明だそうです。

南アフリカで続いている地磁気の不気味な異変は、何を意味しているのでしょうか？

「ウィキリークス」が暴露！　人類滅亡に言及した「ポデスタメール」

「20年以内に人類が滅亡する」

最近、このような恐ろしい情報が飛び込んできました。

すでにNASAでは確認されているそうですが、約20年後には北極が赤道付近まで移動し、その後S極とN極が逆転するという、先述した「地磁気の逆転＝ポールシフト」によって一時的に地球磁場が消滅するというのです。

磁場の消滅により、地球の地表上は有害な宇宙線や太陽風などがまともに吹きつけられ、地球上の人類を含めた70％の生物が絶滅するといいます。

にわかには信じられない話ですが、情報元は２０１６年のアメリカ大統領選で、ヒラリー・クリントン陣営が送受信した電子メールを暴露した「ウィキリークス」です。

このメールは通称「ポデスタメール」と呼ばれ、ヒラリー陣営のブレーンであるジョン・ポデスタ氏とヒラリー氏の間で送受信された電子メールのことです。

「ポデスタメール」には、カナダの要人と思われる人間からのメールがあり、そこには現在、シベリアにある北磁極が10年後に黒海へ移動し、20年後にはインドネシアまで動くと書かれていました。

つまり、20年後には〝ポールシフト〟が起きるというのです。そして、それにともなって世界の気候が大変化し、火山の噴火や地震が相次ぎ、地上の生物が全滅する恐れがあるといいます。

２０１９年4月11日、ウィキリークスの創設者であるジュリアン・アサンジ氏が逮捕されましたが、ウィキリークスは匿名による内部告発を受け、政府や大企業、宗教団体などに関する機密情報を公開しているので、この情報には信憑性があります。

太陽観測所の突然の閉鎖

イギリスの南極観測チームは１９９８年9月、地球の大気層がじわじわと縮小していることを突きとめました。

同チームは、南極と南米フォークランド諸島の大気圏上層の「熱圏」を観測し続けてきましたが、高度約５００キロの熱圏の天井部分が、38年間でおよそ８０００メートルも下降していることを確認したそうです。

大気層が縮小しているということは、酸素が減少し、いずれ生物が呼吸できなくなり、地球の未来は火星と同じ状態になることを示しています。

さらに、オゾン層が徐々に破壊されて世界の気象体系が変貌しており、地球環境に何らかの激変が起こることが想定されます。

これらの事実は地球温暖化と同様か、それ以上に人類の存亡に直接かかわってくる深刻な現象です。

ここで、２０１８年にＮＡＳＡの研究チームが発表した衝撃的な情報を紹介します。前述の「地球の大気層が縮小している」原因を示唆するような火星の真相です。

今からおよそ40億年前、火星には大気が存在し、火星は水に恵まれた美しい惑星でした。そして、地球の北極海よりも大きく、地中海よりも深い海が存在していたことが判明したそうです。海の大きさは、火星のおよそ20％を占めるほど広大でした。

しかしNASAによると、太陽風によって火星の大気と水が吹き飛ばされてしまったというのです。

原因は、火星に「ポールシフト」が起き、火星を覆っていた磁場が急激に弱まってしまったことによります。

その結果、大気が徐々に宇宙空間に吹き飛ばされていき、やがて空気も薄くなり、地表の水も蒸発してしまったといわれています。

少なくとも10億年間は、火星には水と空気が存在していたそうです。地球も今、同様な状態にあるといえそうです。

また、同年には、アメリカでそのことに関連するのではないかと思われる事件が発生しました。

アメリカのテレビ局ABCの報道（9月10日付）によると、9月6日（日本の北海道胆振東部地震が発生した日）からFBIがニューメキシコ州サンスポットにあるサクラメント・

ピーク観測所（国立太陽天文台所有）を封鎖し、地元の郵便局員も近隣地域に異動させられたというのです。

太陽観測所の上空では、軍用ヘリコプター「ブラックホーク」が飛び交うなど緊張した雰囲気に包まれ、関係者は「安全上の問題に取り組んでいる」と語るだけで、詳細についてはいっさいノーコメントだったそうです。

その後、観測所職員の児童ポルノに関する捜査のためだったことが公開されましたが、容疑者は逮捕も起訴もされておりません。

しかし、さらにハワイ州やペンシルベニア州のほか、アメリカ以外のオーストラリア、チリ、スペインなどの太陽観測所も閉鎖され、職員の全員が避難し、観測所に設置されているウェブカメラも作動停止されたそうです。

問題の場所が太陽天文台であることを考えると、太陽と地球の磁場、あるいは大気などに関係する緊急事態を太陽天文台が発見してしまった可能性もあります。

ＦＢＩと米軍が出動するような事態にまで発展したことを考えると、人類の存亡にかかわる宇宙的規模の災害につながることだったのかもしれません。

南極の溶解が先か？

現在、南極ではこれまでにない、恐ろしい温暖化現象が加速しているようです。

アメリカ・コロラド州立大学の地球物理学者ジュリアン・チャプット氏らのチームは、2014年に気象変動が南極の氷におよぼす影響を調べる目的で、ロス海に浮かぶ世界最大の棚氷に地震観測装置を設置しました。

そして2018年10月16日、アメリカ地球物理学会（AGU）が発行する『ジオフィジカル・リサーチ・レターズ』に発表した同チームの報告によると、近年、南極では複数の棚氷が急激に崩壊しており、今後、地球温暖化にともなって崩壊速度が加速化すると警告しています。

つまり、大幅な海面上昇をもたらす可能性があるということです。

すでに南極では1995年から2002年にかけて、東岸にある「ラーセン棚氷」が大規模崩壊しましたが、1万2000年も前から存在していた「ラーセンB棚氷」が、2002年にわずか3週間で消失した姿は世界に衝撃を与えました。

棚氷とは、陸上の氷河や氷床が海に押し出されてできた部分のことで、たとえばチャプット氏らのチームが地震観測装置を設置したロス棚氷は、面積が北海道の6倍以上でフランス本土に匹敵するとされ、厚さが最大600メートルにおよぶそうです。

気象学者たちによると、仮にロス棚氷が全部溶けると、世界の海面水位が平均して5メートル以上も上昇すると警告しています。

そして、同チームが過去2年以上にわたってとらえたロス棚氷の地震波を調べたところ、エイリアン映画に出てくるような不気味な音が1200回近く記録されていることを発見したというのです。

棚氷の状態と比較解析した結果、地表の気温が上下したり、暴風によって積雪が吹き飛ばされて氷の地形が大きく変わったりしたときに、振動が起こって周波数が変化する（不気味な音がする）ことを突きとめたそうです。

どうやら、地球温暖化現象が激化したことにより、南極のロス棚氷にも異変が生じているようです。

万が一、同チームが警告していた「ロス棚氷の溶壊」が急激に進行した場合、最悪なケースを想定すると、近い将来、東京などを含めた世界の沿岸部の都市のほとんどが、水没してしまうことになるのです。

これは大変深刻な事態です。「巨大地震」や「スーパー台風」以上に、人類にとっては脅威で、「あり得ない災害」が突如として発生したようなものです。

そうなれば、沿岸部で生活していた人々は住処を失い内陸部へ移動せざるを得ないでしょう。世界の産業、経済、政治は大混乱に陥り、国そのものが破綻してしまうケースも想定されます。

こうした現象は、ただの地球温暖化では済まされない「地球異変」のはじまりであり、天文学的なスケールの災害が人類に降りかかってくる予兆なのかもしれません。

今世紀中に海面が4・6メートル上昇する

『ローリングストーン・ジャパン』2019年4月14日付のウェブサイトに、南極大陸の氷河を調査するプロジェクトの主任研究員ロブ・ラーター氏のインタビュー記事が掲載されました。

現代を代表する氷河学の権威のひとりであるペンシルベニア州立大学のリチャード・アレー氏は、このまま行けば今世紀の終わりまでに15フィート(約4・6メートル)の海面上昇は避けられないと警告しましたが、ラーター氏によるとそれは西南極の氷が大量に溶け出すことに由来しているそうです。

実際、南極のスウェイツ氷河で崩壊がはじまると予想以上に海面上昇が速く進行し、その一つの例として、約1万4500年前に発生した「Meltwater Pulse 1A」と呼ばれる氷床の急速な融解があげられるといいます。

その融解の地質学上の記録によれば、350年の間に海面が約15メートル上昇していることを示しており、1世紀で約4・3メートル上昇した計算になります。人類が経験してきた中で、圧倒的な速度で海面上昇したケースだそうです。

そしてまさに現在、スウェイツ氷河が予想よりも早い時期に崩壊する可能性があるようなのです。

スウェイツ氷河は20年前から劇的な変化が続いており、多くの科学者が、崩壊はすでに加速している可能性が高く、食い止める方法がないとしています。

これは大変なことになってきました。今世紀末を待たずして突然、海面の高さが現在よりも4・6メートルも上昇してしまうかもしれないのです。そうなれば世界中のほとんどの沿岸地域は水没してしまうでしょう。

特に日本のように原発をたくさん建設している国では、間違いなく「原発事故」が発生します。日本は「放射能汚染列島」と化し、数万年単位で人間はおろか、ほかの生物も住めない環境となってしまうのです。

地球温暖化とは無関係に南極が全溶解

さらに、2017年11月8日付のNASAの発表によると、南極の氷床がイエローストーン級の巨大火山の熱によって、内側から溶かされていると報じられました。地球の温暖化とは関係なく、「南極の氷はいつでも全溶解する」可能性があることがわかったのです。

ここ最近、南極では「観測史上最大規模の氷の崩落や消失」が相次いでいますが、どうやら本当の原因は南極の火山活動にあったようです。

NASAジェット推進研究所（JPL）の科学者たちは、南極大陸で起きている氷の崩壊は巨大な地熱源、つまり内部からの熱によって引き起こされている証拠を発見しました。熱の出力は1平方メートル当たり最大150ミリワットと観測され、アメリカのイエローストーン国立公園の規模に近い出力(1平方メートル当たり平均200ミリワット)をともなっているそうです。

ＪＰＬの科学者へレーネ・セロウッシ博士は、「これは狂っていると私は思いました。その熱量がどのくらいで、どのくらいの量の氷がいまだに残っているのかはわかりません」と述べています。

南極の氷の平均の厚さは2・6キロメートルですが、氷床の一部では4・7キロメートルに達している場所もあるといいます。ＮＡＳＡによると、南極の氷が全部溶けた場合、世界の海水面は今より60メートル上昇するそうです。

そうなれば、間違いなく世界地図は一変し、標高60メートル以上の陸地以外では、地上の生物はすべて生息不可能になってしまうでしょう。

そのような急速な「地球環境異変」に見舞われれば、今の人類にはなすすべがありません。人類は現在、「巨大地震」や「スーパー台風」、「記録的豪雨」、「南米大陸の異常現象」、「地磁気の消失とポールシフトの予兆」などの脅威にさらされていますが、この「南極大陸の氷の全溶解」が現実のものとなれば、人類の大半はあっという間に滅亡してしまうことになるのです。

第二章
巨大震災と原発事故で地球が滅亡する日

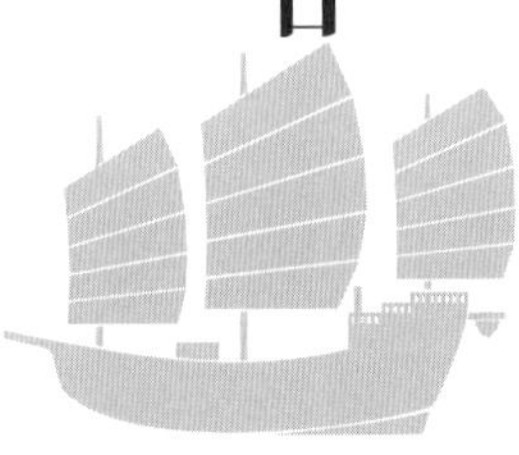

一 北海道胆振東部地震は「首都直下型大地震」「南海トラフ巨大地震」の前兆なのか？

とうとう、恐れていたことが現実に起きてしまいました。広瀬隆氏が『日本列島の全原発が危ない！』（デイズジャパン／２０１７年）で警告していたとおり、「山が宙に浮くほどの直下型大地震」が発生したのです。

２１０８年9月6日午前3時7分、「平成30年北海道胆振《いぶり》東部地震」が発生し、地震の少ない北海道で初めて最大震度7（マグニチュード6・7）を観測しました。

「防災科学技術研究所」が安平町《あびら》に設置した観測点では、地震発生直後の午前3時8分ごろに最大加速度1796ガルを記録しました。

加速度とは、どれだけ力強く地面が揺れたかを示すもので、防災科研が全国に展開する地震観測網「K・iK―NET」のデータであり、東西方向のほか南北、上下の揺れを組み合わせた数値です。

今回、人や建物などが地上に立っていられる重力加速度980ガルの約1・8倍の加速度で揺れたことになり、山々と町並みは文字どおり宙に浮いた状態となって、写真のように空中分解し、崩壊してしまったのです。

2018年9月6日午前8時32分、胆振東部地震による山崩れで民家が巻き込まれた北海道厚真町『デジタル毎日』より

山が崩壊した加速度1796ガルの脅威

ちなみに、1796ガルがどの程度の揺れなのか、近年発生した大地震と比較してみました。

・阪神大震災（1995年）　818ガル
・東日本大震災（2011年）　2933ガル
・熊本地震（2016年）　1580ガル
・大阪府北部地震（2018年）　806ガル

今回の胆振東部地震は、岩手・宮城内陸地震（2008年6月14日／マグニチュード7・2）の人類史上最大の揺れ「4022ガル」、東日本大震災（2011年3月11日／マグニチュード9・0）の「2933ガル」に次いで、史上3番めという強いものだったのです。

気象庁の統計がはじまった1923年以降、北海道内陸部で起きた大きな地震はわずか8回です。

今回、政府の地震調査委員会が予測していなかった「想定外」の大地震が発生したということになります。

震源に近い勇払《ゆうふつ》郡厚真《あつま》町吉野地区の山林では、大規模な崖崩れが広範囲で発生し、多数の住宅が巻き込まれ、厚真町をはじめ安平町、むかわ町でも多くの住宅が倒壊しました。また、道央地域(石狩、胆振管内)を中心に道路などの損壊が相次ぎ、札幌市清田区では道路が波打ち状に大きく損壊しました。

室蘭市の新日鉄住金室蘭製鉄所と厚真町の苫東《とまとう》厚真火力発電所では火災が発生し、室蘭港にまで延焼しました。

全道で停電が継続したため、自家発電機が原因と推定される一酸化炭素中毒によって、空知《そらち》郡上富良野《かみふらの》町と標津《しべつ》郡標津町で2名の死亡が確認されました。

政府地震調査委員会の平田直《なおし》委員長(東京大学教授)は9月11日の会見で、「破壊が開始した震源は深かったが、破壊が地表に向かって浅いほうに伝わり、地下15キロ地点に達した。このため強い揺れになった可能性がある」と指摘しました。

さらに平田氏は、「活断層だけでなく内陸ではどこでも地震が起き、震度7になることはある」と警鐘を鳴らしています。

今回の地震はまさにそのケースであり、震源域西側の活断層「石狩低地東縁断層帯」の活動によって起きたものではないとしています。

しかし今後は、石狩低地東縁断層帯に影響し、地震を起こす可能性は否定できないともしています。

つまり、また震度7クラスの地震が石狩低地東縁断層帯周辺で発生する可能性が大きいということです。

これまで北海道では大きな地震は8回しか発生していませんでしたが、今後は泊村《とまり》の泊原発も直下型地震に襲われる危険性が浮上してきたわけです。

もしそうなれば、地形的に見て泊原発より東部側の北海道全地域は、福島第一原発事故以上の壊滅的な被害を受けてしまうでしょう。

そして胆振東部地震は、日本ではあり得ない道内全域停電＝ブラックアウト（発送電の全面的機能停止）までを発生させてしまったのです。

今回の地震に連動して別の直下型大地震を誘発し、「ブラックアウト」によって数万人の凍死者を出してしまうような大惨事を招く前に、政府は早急に対策を講じるべきです。

「巨大地震頻発」を地球物理学者らが警告

「アメリカ地球物理学連合」（ＡＧＵ）は２０１８年8月、地球の自転速度が遅くなると大地震が頻発するとの研究結果を公表しました。

地球の自転速度は一定の周期で変動していますが、現在は自転速度が１日あたり数ミリ秒分低下しているそうです。

人類が地球の自転速度の変化を体感することはできませんが、地球物理学者たちは自転速度をきわめて正確に測定し、ミリ秒単位の変化を記録しています。

そして地質学者たちが、１９００年以降に世界で発生したマグネチュード7・0以上の地震を分析したところ、大規模な地震は約32年周期で頻発していることがわかりました。

さらに世界の地理的データとのかかわりを調査した結果、地震の頻発周期は地球の自転速度が低下した時期と強い相関関係を持つことがわかったのです。

研究チームによると、地球は25～30年周期で自転速度を減速させており、その直後に地震の頻発時期を迎えているといいます。歴史的に見ても、減速期間の最後の前後に地震が頻発する傾向にあるそうです。

震央となったインドネシア・スラウェシ州
ドンガラ県パルの倒壊した10階建てホテル
『BBC News』より

現段階においては、自転速度の低下と地震の頻発との相関関係を示すデータはあるものの、その理由は明らかになっていません。

これまでの１００年間のデータによると、マグニチュード7・0を超える大型地震の発生件数は年間15～20回です。しかし、自転速度の低下開始から5年めを迎える年には、平均で25～30回の大型地震が発生しているのです。

２０１８年は、地球が自転速度の減速を開始してから5年めの年にあたります。実際、それを証明するかのように、２０１８年から日本を含む環太平洋火山帯では火山噴火や大地震が頻発しています。

２０１８年9月6日に北海道胆振東部地震が発生してから、わずか4日後の9月10日午後1時19分、ニュージーランド付近でマグニチュード7・0の地震が発生しました。

そして9月28日には、インドネシア中部のスラウェシ島でマグニチュード7・5の地震が発生し、沿岸部では11メートルの津波が観測された地域もあり、これまでに死者

2081人、行方不明者1309人以上と報じられました(2018年10月26日現在)。

10月3日の朝にはスラウェシ島のソプタン山が噴火し、噴煙が4000メートルまで上がりました。

高層ビル群が墓石と化す日

北海道胆振東部地震は、政府の地震調査委では「想定外」の地震だったわけですが、「地震科学探査機構」(JESEA)の会長である村井俊治氏(東京大学名誉教授)は、地震発生の約1カ月前から「北海道胆振地方」という地名まであげて、再三警告を発していたのです。

村井氏は、2013年に「日本測量協会」の会長に就任している「測量学」の世界的権威で、1999年に「第3回国連宇宙会議」で議長を務め、JESEAでは測量学を応用して地震を予測しています。

『週刊MEGA地震予測』というメールマガジンを毎週配信し、これまで日本国内で発生した数々の大中小規模の地震を的中させてきたといいます。

『MEGA地震予測』は、国土地理院が全国約1300カ所に配置する「電子基準点」のG

PSデータを用いた地震の予測方法です。

地表は絶えず動いており、短期・長期的に地表が上下・水平方向にどれくらい動いているかを分析し、過去に起こった地震前の変動と比較して、地震の「前兆」を察知するのです。

「胆振地方は、今年(2018年)の6月ごろから、地表の沈降が目立っていました。これまでの研究でわかってきたことは、沈降が長く続くのは危険のシグナルで、その後に大地震が来ることが多い。そのため、7月下旬からメルマガで注意を喚起していました」(『女性セブン』2018年9月27日号より)

村井氏は、胆振東部地震が発生する前からこのように予測していたのです。

なお村井氏は、2018年2月下旬から約半年間で、地表に5センチ以上の高さの変動があった地域をもとに、大地震が発生する危険性が高いエリアも指摘しています。

村井氏によると2018年8月、静岡県の御前崎や伊豆諸島に見たことのない「異常な地表変動」が起こったとし、次のように述べています。

「2011年の東日本大震災以来、日本列島は全体的に〝南東向き〟に地表が移動していましたが、静岡県東部をはじめとする日本の南側、つまり南海トラフに並行する一帯だけは〝北西向き〟に移動していました。この一帯は日本列島全体の動きに逆らっていて、互いに押し合った状態で均衡していたわけです。

しかし、8月下旬にその均衡が突如、崩れました。列島の南東方向への移動が突然消え、南海トラフに平行な陸域の一帯が大きく北西方向に移動しはじめたのです。

この7年間で初めてのことであり、最初は目を疑いました。これまでに例のない〝異常な水平変動〟が起きています。

また、御前崎や伊豆のあたりでは長期的な沈降が見られ、周辺地域との境にひずみが溜まっていると考えられます。さらに三宅島の変動も大きいので、火山性の地震が発生する可能性もある。伊豆周辺で地震が発生すると、地盤の緩い東京の震度は非常に高くなります。よって、静岡県東部から関東にかけてのエリアがもっとも警戒が必要です」（前出『女性セブン』より）

さらに高知県の足摺《あしずり》岬や室戸岬、紀伊半島の潮岬《しおのみさき》のあたりも、8月下旬から静岡県南部と同じように大きく北西方向に動いているそうです。

特に徳島県は、過去半年間で「1週間のうちに5センチ以上も地表の高さの変動」が多数回起きているため、四国の中でも特に危険とのことです。

また、村井氏は九州地方の警戒エリアについても次のように予測しています。

「九州北部では小地震が起きていて、2016年の熊本地震の影響がまだ続いていると考えられます。九州エリアで特に警戒が必要なのは宮崎県。県全体の約4分の3が沈降しています」（前出『女性セブン』より）

これらのことは、「南海トラフ巨大地震」発生を示唆しているものと推測されます。

南海トラフ巨大地震が発生すれば、「西日本大震災」に発展し、西日本各地では「東日本大震災以上の甚大な被害」が想定されるといわれています。

村井氏のこれらの警告は、近い将来に、首都直下型大地震や南海トラフ巨大地震などが発生する可能性が高いことを示しているのではないでしょうか。

巨大地震の被害想定

「もう、そうなったら（首都直下型大地震・南海トラフ巨大地震などが発生したら）、数十万人の遺体回収など無理でしょう。野ざらし状態にしておき、腐敗して自然になくなるまで待つしかありませんね」

２０１６年の１月下旬、会社の休憩中に震災関連の話題になったとき、石巻市内のタクシー会社の木下社長(仮名)は、淡々とした口調でそういいました。

２０１１年の東日本大震災では、木下社長は多くの遺体が道路に放置されている光景を目の当たりにしたそうです。

石巻市内だけでも３５００人以上の死者が出てしまったのですから、遺体の回収だけでも大変な作業だったといいます。

次の数字を見てください。

木下社長の言葉が真実味を帯びてくると思います。

首都直下型大地震被害想定（内閣府「中央防災会議」／2013年）

●マグニチュード7クラス

死者　最大2万3000人

経済被害　約95兆円

●マグニチュード8クラス

死者　最大7万人

経済被害　約160兆円（地震発生後20年間では778兆円）

帰宅困難者　東京23区内約800万人

救急車要請　最大7万2000人（東京消防庁管内保有数251台）

電力　東京電力管内は約5割停電

およそ1週間、1都3県停電。通電は約1カ月後

水道　1都3県で3〜5割断水（断水人口は約1440万人）

復旧は1カ月で約9割

南海トラフ巨大地震被害想定

●マグニチュード9クラス
経済被害　発生後20年間で最悪1410兆円
死者　最大32万3000人
避難所生活者数　約210万人〜430万人

実際は、首都直下型大地震や南海トラフ巨大地震が発生した場合、この程度の被害では済まないでしょう。

ちなみに、二つの地震が今後30年以内に発生する確率は70〜80%といわれていましたが、今年に入り80%に引き上げられました(土木学会)。

首都直下型大地震では、「地下鉄」、「都市ガス」、「首都高速道路」などの被害が具体的に想定されていません。

また、関東大震災では多くの犠牲者を出した都市部の「火災旋風」(註4)による被害も想定されていないのです。

実際の被害は東日本大震災どころではないでしょう。

また、南海トラフ巨大震災の死者数に関しては、肝心な「浜岡原発事故発生時」の死者数が含まれていません。

南海トラフ巨大地震によって浜岡原発全体で事故が起こった場合、原子力資料情報室の上澤千尋氏の「浜岡訴訟資料」によると、発電所から風下方向70キロ範囲の住民すべてが全身被曝により死亡し、110キロ範囲では半分の住民が死亡すると予想されています。

浜岡原発から70キロといえば静岡県の広範囲におよび、110キロだと静岡県全体と愛知県の半分以上、それに山梨県の半分程度が範囲に含まれ、京都大学原子炉実験所の小出裕章助教も、

「浜岡原発が津波で破局的な事故を起こした場合、御前崎市の住民はほぼ90%が死亡し、首都圏に流れ込む風向きなどで結果は異なりますが、長期にわたるがん死を含めると、最大で195万人が亡くなる可能性があります」

と予測しています。

もし、首都圏や南関東地方で北海道胆振東部地震のような直下型大地震が発生したとすれば、地盤の緩い東京都内の震度は予想以上に大きくなり、多くの高層ビルが倒壊するそ

うです。

東京都が発表した「耐震診断」の結果では、震度6強で倒壊するビルや倒壊する危険性があると認定されたビルは、都内だけでも何と251棟あり、ビルの実名まで公表されています。

北海道の胆振東部地震の最大加速度は、建物が建っていられる重力加速度（980ガル）の約1・8倍の1796ガルであり、揺れた山々と町並みは宙に浮いた状態となって、崩壊してしまいました。

もし、胆振東部地震と同程度の首都直下型大地震が発生したとしたら、東京都で想定している以上にビルは倒壊し、避難場所としての高層ビルでも倒壊する恐れがあるのです。

1981年の建築基準法改正以降に建設された建物は、耐震構造が優れているため、震度6強クラスの地震に襲われても倒壊しないといわれています。

しかし、どんなに耐震構造が優れていたとしても、宙に浮いた状態になれば空中分解し、壊れてしまうでしょう。胆振東部地震では、ビルよりも大きくて頑丈な「山々が崩壊」したのです。

防災・危機管理ジャーナリストの渡辺実氏も、次のように警告しています。

「問題は、東京がほかの都市と比べものにならないくらいに人口が密集し、ビルが林立していることです。ビルが崩れ、これが燃えることで、人的被害がさらに甚大となっていくことがいちばん恐れるべき事態です」（新潮社デジタルコンテンツライブ『大都市を襲う巨大地震の恐るべき「災害の顔」』より）

多くのビルが倒壊すれば瓦礫が大通りをふさぎ、建物内に生き埋めにされた人々を救出する自衛隊車両や救急車などが通行不能になります。また、密集する住宅地では火災旋風が発生し、多くの焼死者が予想されます。

〝圧死〟あるいは〝焼死〟した多くの遺体が瓦礫の下に埋もれ、倒壊したビルの真下や崩れた建物に挟まれて脱出できず、そのまま取り残された人々は救出されずに火災旋風で焼死するか、運よく火災から逃れても衰弱死するのを待つだけでしょう。

まさに高層ビル群が墓石と化してしまうのです。

また、東京・神奈川・静岡の通り道である東海道新幹線をはじめ、交通網も完全に遮断されるでしょう。

ライフラインもズタズタに破壊され、日常生活に重大な支障をきたし、首都圏と東海地方の埋立地では液状化現象が起こる可能性もあり、その被害は計り知れません。

まして、首都直下型大地震と南海トラフ巨大地震が連動して発生したとすれば、首都圏を中心に西日本各地でも大きな被害が想定され、日本は壊滅状態に陥ります。

２０１８年は、6月に大阪北部地震、9月に北海道胆振東部地震が発生しました。今の日本はいつ、どこで巨大地震が発生してもおかしくない状態なのです。

そして、大阪北部地震や北海道胆振東部地震などは、これまでまったく想定されていなかった場所(活断層ではない場所)で発生してしまったのです。

村井氏のＭＥＧＡ地震予測によれば、首都直下型大地震をもっとも警戒しなければならないわけですが、内閣府の発表でも、マグニチュード7クラスの首都直下型大地震が30年以内に発生する確率は80％としています。

つまり、今すぐに発生するかもしれないのです。

首都直下型大地震の被害状況について、政府や東京都などがシミュレーションした結果があります。私の個人的な感想としては、あまりにも「甘すぎる被害想定」といわざるを得ません。

「東京都防災会議」は、マグニチュード7・3の首都直下型地震が発生した場合、都内の建物の30万棟が全壊・焼失、９７００人が死亡すると公表しました。帰宅困難者は５１７万人、自宅が被災した避難者は３３９万人と推計しています。

ここで、首都直下型大地震による最悪なケースとして、被害想定をシミュレーションしてみましょう。

以下、『奇跡体験！アンビリバボー：首都圏を震度7の巨大地震が襲う！』(フジテレビ)から一部引用し、私の見解を述べてみます。

同番組では地震発生時の条件を次のように設定してあります。

■震源　東京湾北部
■地震の強さ　マグニチュード7・3
■時期　季節は冬、午後6時(政府によれば帰宅時間帯でもっとも被害が大きい)

まず、マグニチュード7・3の想定ですが、直下型地震の場合、マグニチュードよりも北海道胆振東部地震（マグニチュード6・7）のときのように、加速度１７９６ガルという「重力の約2倍」の揺れを想定すべきではないでしょうか。

1000ガル以上の揺れは、どんなに耐震性の優れた高層ビルでも「空中に浮いた状態」となり、倒壊してしまう恐れがあります。

東京都の場合、午前の8時でも通勤・通学のラッシュの時間帯です。都内全域にわたって過度に人口が密集しているに加え、昼間でも他県から多くの労働者や通学者が流入しています。

津波や火災旋風の被害を想定すると、実際は前記の条件はあまり関係がないと思います。

1　緊急地震速報が「地震発生後」に届く

本来、大地震の直前にテレビや携帯電話などに緊急地震速報が発せられますが、直下型地震の場合は何の前触れもなく揺れがはじまります。

首都直下型大地震は震源から地上までの距離が20キロほどで、P波（小さな揺れの初期微動）とS波（大きな揺れ）の到達する差がわずか2秒しかないため、緊急地震速報は間に合いません。

東日本大震災の被災地では、いまだに震度3〜4クラスの余震がときどき発生していますが、私はこれまでに「緊急地震速報」が発せられてから揺れを感じたことは記憶にありません。

誤報も数回ありましたが、とにかく「ゴー！」という不気味な地鳴りが発生してから揺れを感じることが多く、揺れを感じてから5〜6分後にテレビやラジオで地震速報が伝えられるケースがほとんどです。

まして首都直下型大地震においては、緊急地震速報はまったくあてにしないほうがいいでしょう。

ここ最近、世界的に環太平洋造山帯での火山噴火や大地震が相次いで発生していることから、今すぐにでも発生することを想定して、常に心がけておくことが重要だと思います。

2　中低層ビルの3割近くが損壊

耐震基準を満たしている建物と、満たしていない建物に震度7の揺れを与えた実験では、耐震基準を満たしていない建物が脆くも崩れ落ちました。

最新の高層ビルはほとんど耐震基準を満たしていますが、中低層の雑居ビルになると3

割り近くが古い耐震基準のままだといいます。

前述のとおり、北海道胆振東部地震（1796ガル）や熊本地震（1580ガル）など、重力加速度（980ガル）を超える直下型地震の場合、「中低層ビルの3割近くが損壊」どころの話ではなく、すべての建物が「空中に浮かんだ」状態になり、空中分解（倒壊）するケースが続出すると予想されます。

首都圏が重力加速度以上の揺れに襲われたら、「高速道路や橋の損壊・落下」はほぼすべての地域で予想され、「運行中の列車の92・9％が脱線（東京都防災会議試算）」するどころではなく、運行中の列車全線が脱線・横転などの大惨事に見舞われてしまうでしょう。

3　大火災の発生

地震発生が夕方6時だとすれば、多くの家庭でガスコンロなどが使用されていると想定されます。住宅地のあちこちで火災が発生するでしょう。特に木造家屋が密集している環状七号線沿いの被害が懸念され、中野区や杉並区は要注意です。

また、首都直下型大地震といえば、真っ先に「火災旋風」が浮かんできます。火災旋風とは、大規模火災で発生する「炎の竜巻」のようなものです。

阪神・淡路大震災でも発生した現象で、火災の熱によって上昇した気流が炎を増幅させ、渦巻き状に上がっていくのです。その高さは20メートルにもおよぶといいます。

1923年の関東大震災では、墨田区の陸軍工場跡地に避難した4万4000人もの命が火災旋風によって奪われたといいます。

もし、地下の都市ガスが爆発炎上した場合、家庭のガスコンロの比ではありません。まして火災旋風などが発生したら、関東大震災時とは二桁違う火災死者が発生するでしょう。

さらに、関東大震災発生時は石油コンビナートの燃料タンクなどもなかったのですから、タンクが損壊して1万2000キロリットル（資源エネルギー庁資源・燃料部政策課石油統計速報）の重油が海に流出した場合、東京湾は油で覆われ、爆発したコンビナートの火が重油に引火し、東京湾は文字どおり火の海に包まれることになります。

東日本大震災では、気仙沼市の海上に流れ出た重油に引火したため、津波が大炎上しながら押し寄せてきた様子が放映されていました。あの火炎地獄の光景が東京湾に再現されることになるのです。

4　首都圏を津波が襲う

津波が発生する地震にはいくつか条件があります。マグニチュード6・5以上で、震源が海底から比較的浅いところにあることです。

また、東京湾のように閉鎖性の強い海域で地震津波が発生した場合、京浜運河のような狭い水路に津波が入ると、津波の高さが急に大きくなることも考えられます。しかも巨大な〝炎〟の津波が、何度も繰り返し首都圏を襲うことになるのです。

津波被害ほど恐ろしい災害はありません。東日本大震災では、死者のほとんどが津波被害の犠牲者でした。

東京で大津波が発生した場合、各湾岸地域を直撃し、狭い水路や河口などで増幅されて高くなった津波により多くのビルが倒壊し、木造住宅などの建物が根こそぎ流され、さらに先述の火炎津波が何もかも焼き尽くしてしまうでしょう。

また、東京の地下鉄は毎日、およそ850万人が利用しているといいます。地震による停電で電車が停まれば、地下鉄内に流入する津波で多くの人々が犠牲になってしまいます。

東日本大震災の宮城県女川町《おながわ》のケースでは、狭くなった湾に津波が押し寄せて20メートル以上もの高さになり、凄まじい勢いで町を直撃して建物や船舶、車、そして人々を一瞬で飲み込んでしまったのです。

首都直下型大地震でも、津波は予想以上に遠くの地域まで押し寄せると想定しておいたほうがいいでしょう。

以上、主な被害想定を述べてきましたが、もっとも危惧されるのは首都機能が1カ月以上もマヒした状態が続くことです。

生きていくうえで欠かせない水や食料の問題に加え、病院や薬局、鎮火・救助活動に必要な消防車と救急車、治安上重要な警察や自衛隊などが、正常に機能しないことが予想されます。

東日本大震災では、人口約16万人超(当時)の石巻市の被災死者数は、関連死者数も合わせて約4000人でした。

「東京都防災会議」のシミュレーションによれば、東京都の被災死者数はわずか9700人というのです。石巻市の約2倍の想定死者数であり、政府による被害想定はあまりにも甘いというべきではないでしょうか。

東京都の人口は２０１９年１月現在、23区内だけでも９４８万６６１８人です（東京都総務局統計部）。

東日本大震災では、石巻市民の約２・５％の人が犠牲になったことになりますが、単純に同じ比率で被災死者数を想定しても23万７１６５人になります。

実際は、首都直下型大地震の「地震の質」によって大きく異なってきますので、ともかく早急に今の被害想定および震災時の対策を見直すべきです。

二　原発を直撃する災害の恐怖

日本で運転中の原発保有数をご存じでしょうか。アメリカ（98基）、フランス（58基）、中国（44基）に次いで、日本は世界第４位の（38基）となっています（以上、２０１９年１月現在で運転中もしくは運転可能なもの／日本原子力産業協会）。

また、「死の灰」といわれる高濃度の放射性廃棄物は「広島型原爆の90万発分＝

1万7000トン」あり、日本の原発が稼働して以来、いまだ処理されていません。

ちなみに、日本の原発すべてが稼働した場合、広島型原爆5万発分の「死の灰」が生み出されます。まして世界全体の「死の灰」の数量となれば……いかがでしょうか。

現時点で放射性廃棄物を処理する方法としては、国際的には地下深くに埋蔵・保管する「地層処分」などが考えられています。ドイツではこの方法を具体的に検討中だそうですが、地震・火山大国日本でも同様の方法で処理するとのことです。

具体的には、使用済み核燃料は再処理してウランやプルトニウムを取り出して再利用し、残った廃液などをガラス固体化します。

そして、キャニスターといわれる円筒形の厚さ5ミリのステンレス製容器と分厚い銅製容器に入れ、周りを防水粘土で固めて地下数百メートルの地下に隔離保存するのです。

このように、放射能の封じ込めに万全の対策をとるとのことですが、2012年の日本学術会議の見解では、「万年単位におよぶ超長期にわたって安定した地層を確認することは、現在の科学的知識と技術では限界がある」そうです。

当然でしょう。そもそも地層処分というのはいかがなものでしょうか。

突然、地面が割れる！

日本列島は、もともと地球的規模の地殻変動によって、海底が隆起して形成された島です。今後の火山活動や、未発見の活断層による内陸部の直下型大地震などを想定した場合、これほど怖い話はありません。

というのも最近、南米大陸のペルーやアルゼンチンでは、大地に原因不明の「巨大な亀裂」が発生し、拡大していくという現象が発生しているからです。場所によっては、深さが50メートルから60メートルにもおよぶ大きな亀裂だと報じられています。

この亀裂について、アルゼンチンの民間防衛の専門家たちは、最近の大雨によって地盤が不安定になっていることが原因ではないかと説明しているそうです。当局が調査を進めていますが、現段階では原因がまったくわからない状況です。

さらに2018年2月27日、ペルーのクスコ周辺でも突然巨大な亀裂が発生し、60世帯の住民たちが移転を余儀なくされました。

その後、この亀裂は8月になっても拡大を続け、大地がいくつかに分断されるという、想像もつかない状態になっているようです。現地では、非常事態宣言が5カ月間発令され続けていましたが、ついには村が消滅したと報じられました。

それでもいまだに原因がわからないのですから、南米大陸ではいったい何が起きているのでしょうか。

南米大陸にとどまらず、大地震やスーパー台風が世界各国で頻発しているように、最近の地球はきわめて不安定な状態であり、何かもっと大きな予想もつかない変動が起きるかもしれません。

廃炉決定のものも含め、原発を60基保有している日本では、南米大陸のような現象は「絶対にあり得ない」と断言できるのでしょうか。

2018年２月27日に起きたペルー・クスコの巨大な亀裂
『Pajarito News』より

２０１８年に起きた北海道胆振東部地震は、「活断層がない」といわれた場所で発生しました。大阪北部地震も、専門家や学者たちでさえ想定してなかった場所で起きたのです。

日本国内で南米大陸と同様の現象が発生する可能性は否定できません。しかも万が一、原発の真下や周辺でアルゼンチンやペルーで発生したような「地殻の崩壊」現象が起き、地割れが拡大していくとしたら…それで完全に終わりです。

「耐震性」も「津波対策」もいっさい無効となり、原発は建物とともに崩壊するだけです。南米大陸に比べてとても小さな島国の日本は、放射能汚染で「無人列島」と化すでしょう。

人類がこれまで経験したことのない、地球規模の「地殻変動」による大地震や火山噴火、またテロや戦争など「とんでもない災厄」によって原発が大事故を起こせば、地球は永遠に放射能まみれの〝死の惑星〟になってしまうでしょう。

隕石と小惑星の落下に、なす術はない？

実は、その「とんでもない災厄」には、「隕石の落下」も入ります。

約6500万年前、アメリカ・ユカタン半島に落下した隕石は直径約15キロでした。当時、この隕石落下によって、全盛期だった恐竜をはじめ、地球上で生息していた多くの生物が絶滅したといわれています。

地球上に甚大な被害をもたらす隕石落下は、通常100年に一度といわれていました。

実際、今から100年前の1908年6月30日7時2分（現地時間）、ロシア帝国領中央シベリアにあるエニセイ川支流のポドカメンナヤ・ツングースカ川上流（現ロシア連邦クラスノヤルスク地方）の上空で、隕石による大爆発が起こりました。「ツングースカ大爆発」と呼ばれています。

爆発の規模から推定すると、地球に落下した隕石は質量約10万トン・直径60～100メートルで、地表から6～8キロメートル上空で爆発し、跡形もなく四散したとされます。隕石の爆発破壊力はTNT火薬にして5～15メガトンと考えられていましたが、その後5メガトン程度と訂正されました。その破壊力は広島型原爆の約340倍になります。

また、2013年2月15日9時20分（エカテリンブルク時間）、ロシア連邦ウラル連邦管区のチェリャビンスク州にも隕石が落下しました。

このときの隕石の通過と分裂は凄まじい衝撃波を引き起こしましたが、衝撃波による自然災害としては、初の大規模な人的被害をもたらすものとなりました（負傷者1491人、4474棟の建造物が損壊、被害総額10億ルーブル＝約30億円）。

驚いたことに、隕石の大きさはわずか15メートルだったのです。しかし、その爆発エネルギーは、NASAによるとTNT換算で約500キロトンと見積もられ、広島型原爆の30倍です。しかも、隕石の表面は6000℃まで加熱されていたそうです。

NASAは、この現象は100年に1度という、きわめて珍しい現象だと説明してきました。

しかし、２０１９年に入って人類の存亡にかかわる重大な情報が公表されました。それもＮＡＳＡのジム・ブライデンズスティーン長官みずからが発言したのです。

その恐るべき発言は次のとおりです

「地球に壊滅的な被害を与える小惑星が今後60年以内にやってくる」

２０１９年4月30日、ワシントンで開催された「地球防衛会議（Planetary Defense Conference）」において、ＮＡＳＡのジム・ブライデンズスティーン長官はこのように発言しました。

同長官によると、過去の隕石衝突の記録を分析したところ、小惑星の衝突は平均して60年周期で起こっており、過去におよそ１００年超の間に3度の落下が記録されているといいます。

これまでは、このような小惑星の衝突は「１００年に1度」とやや控えめに科学者たちに見積もられていましたが、やはり「天文学的現象」は人類には正確に予測することが不可能でした。

実は、同長官の発言を裏づける小惑星の衝突（大きな隕石の落下）があったのです。それは、あまり知られていない小惑星の衝突でした。

２０１８年12月18日、太平洋の最北端に位置するベーリング海の上空に、「広島型原爆の約10倍の威力」に匹敵する隕石（小惑星）が落下・爆発したのです。

このような小惑星の衝突が今後60年以内に起きるというのですから、しかも現役のＮＡＳＡの長官が公表したために、「えらいことになってしまう」のです。

「えらいこと」とは、古代に隕石が中東の一部を壊滅させてしまったからです。

２０１８年11月14日〜17日に開催された「American Schools of Oriental Research」（ＡＳＯＲ）の年次会合において、今から約３７００年前、中東の死海の北に位置する「Middle Ghor」と呼ばれる地域が、隕石もしくは彗星の空中爆発によって、そこに住んでいた人類もろとも消し去られた可能性があると公表されました。

同会合によると、考古学者らが見積もった空中爆発の威力は、５００キロメートル四方を一瞬にして吹き飛ばし、都市を丸ごと一つ消滅させ、肥沃だった土壌を塩分濃度の高い死海の超高温の水で覆ってしまったといいます。

現在、その場所はヨルダンの「Tall el - Hammam」という史跡として存在しているとのことです。

爆発の証拠として同史跡から発掘されたのは、表面が「ガラス化」した不思議な「陶器の一部」だったそうです。

これは空中爆発により、あたりの気温が急上昇することで、陶器内部のジルコンがガスに変わり、ガラス化したものと推測されています。この現象が起こるためには、4000度以上の超高温が必要です。

研究者によれば、このような現象は宇宙からの物質によるエアバーストが原因であるとしか考えられないそうで、ツングースカ大爆発と同様な現象が、約3700年前の中東でも起こっていたのではないかと推測されています。

ここで問題なのは、およそ100年の間に地球上へ3度、このような破局的隕石が落下したという事実です。

仮に、ロシアのチェリャビンスク州に落下した隕石が、女川原発付近に落下したと想定してみてください。女川原発は瞬時に破壊され、宮城県周辺は壊滅状態となり、近隣の福島県や山形県、岩手県などの全地域が放射能まみれになるのです。

アメリカの放射性廃棄物最終処分プロジェクトに参加した多摩大学大学院の田坂広志教授によると、「現段階で地層処分をするべきでない」と提言しています。

そして代替案として、「300年程度を上限に『長期貯蔵』の政策に切り替えるべき。技術的にも可能で、使用済み燃料の発生総量規制を行ない、上限を決めて稼働年数を決めればよい」といいます。

これは地層処分よりも一歩進んだ方法ですが、「100年に1度が3度になった隕石落下」を想定した場合、やはり危険だといわざるを得ません。

隕石の大きさにもよりますが、地球上に甚大な被害をもたらすほどの隕石は、天文学上は「小天体との衝突」と表現されています。

このような宇宙的な災厄が、高濃度の放射性核廃棄物を貯蔵している場所、あるいは原発に降りかかるとすれば、核爆発も同時に起きるため、数万人の住民と建物が瞬時に消滅し、周辺に直径数キロ以上の巨大クレーターができるでしょう。

そして2019年7月30日、さらに驚愕すべきニュースが飛び込んできました。

日本時間の7月25日の午前、直径100メートルを超える小惑星が地球の近くを通過していたというのです。もし、地球に落下していたら、東京都と同じ範囲を壊滅させる可能性があったといいます。

ＮＡＳＡのジェット推進研究所（ＪＰＬ）や日本スペースガード協会関係者らが明らかにしたものですが、この小惑星は推定59～１３０メートルの地球近傍天体（ＮＥＯ）で、「２０１９ ＯＫ」と名づけられました。

ＮＥＯとは地球衝突が懸念される天体の総称であり、各国の観測機関が監視しています。今回の「２０１９ ＯＫ」を発見したのはブラジルの観測機関で、日本時間の24日午前のことでした。

翌日の25日午前には、小惑星は地球から約7万２０００キロほどまでに接近し、推定秒速20数キロメートルで通過したとのことです。

7万２０００キロは地球と月の距離の約5分の１以下となり、天文学的には地球落下の可能性もある「ニアミス」とされています。

隕石や小惑星が地球に衝突すれば、その威力は大量の核兵器に匹敵し、いくつもの都市が壊滅することになります。

日本スペースガード協会の浅見敦夫副理事長は、「直径１００メートル程度だとかなり地球に接近しないと見えないことがある」と話しているそうですが、しかし今回のニアミスでいちばん問題なのは、「2019 OK」が地球に接近していると科学者（ブラジルとアメリカの研究チーム）が気づいた時期でした。

それは地球のそばを通過する数日前だったということです。この時点で、既存の科学技術を用いて小惑星を破壊したり、その軌道を変えさせるのに十分な時間は残っていなかったのです。しかも小惑星の大きさとその進む方向について、天文学者たちは地球のそばを通過する直前まで情報を公表しなかったのです。

つまり、私たちは知らないうちに突然、映画『アルマゲドン』のような事態を迎えていた可能性があったということです。本書で警鐘を鳴らしていることが、早くも現実化していたかもしれないのです。

「何が起きたのか人々が認識したのは、小惑星が私たちを通過した後のことだ」

オーストラリアの天文学者マイケル・ブラウン氏は、『ワシントン・ポスト』紙にそう語ったといいます。

万が一、小惑星の軌道が少しでもズレて日本列島を直撃していたら、確実に落下地点を中心にほとんどの地域が破壊され、また糸魚川静岡構造線、中央構造線断層帯、日本海溝などの大活断層を刺激してしまうことも予想され、かつてない大地震が次々と発生していたでしょう。

そうなれば、世界で4番めの運転中の原発保有国である日本列島は、巨大地震の影響を受けて各原発が爆発することも想定され、放射能まみれとなってしまうことも考えられるのです。日本国は事実上、世界地図から消滅するでしょう。

つまり、私たち日本国民は7月25日、滅亡していたかもしれないのです。こうして無事に生きていることは奇跡なのかもしれません。

それにしても現段階においては、地球人類にとって脅威となる小惑星の発見はかなり難しいようです。

すでにアメリカでは２００５年、連邦議会がＮＡＳＡに対し、２０２０年までに地球に接近する直径１４０メートル以上の小惑星の90％を追跡するように指示したといわれていますが、２０１８年12月の時点で地球上や宇宙にある望遠鏡が見つけたのは、こうした地球近傍天体（ＮＥＯ）の3分の1以下だったそうです。

特にＮＥＯを追跡するには、科学者たちは正確な時間に正確な場所へ望遠鏡を向ける必要があり、望遠鏡はこうした小惑星の反射する太陽光を検出しますが、小惑星が小さければ小さいほどその反射はかすかで、小惑星を特定するのは難しい作業のようです。

2199年恐怖の大王「ベンヌ」が降ってくる！

小惑星が地球に落下した場合、その被害状況は想像を絶します。そして、それは来世紀には現実化するだろうとNASAが発表したのです。

1999年9月11日、リンカーン地球近傍小惑星探査（LINEAR）によって、小惑星「ベンヌ」が発見されました。この小惑星は、太陽の周囲にある小惑星群（アポロ群）に属しています。

アポロ群の小惑星は地球に接近するという潜在的な脅威性を持ち、ベンヌはその中でも接近・衝突する確率の高い小惑星です。

小惑星ベンヌ
（撮影：NASAの宇宙探査機「オシリス・レックス」）

ベンヌは2135年、月よりも近い軌道で地球に接近、その後の2175年と2195年にかけてさらに接近します。地球と衝突する確率は0・07％と楽観視されていますが、実はとんでもない話です。

アンドレア・ミラニ博士と共同研究者が報告した『力学的研究』（2009年）によると、ベンヌは2169年から

2199年までの間に8回地球に接近し、そのどこかで地球に衝突する可能性があることがわかったのです。

1999年に発見されたベンヌは、最接近時の7回めあたりに地球と衝突するのかもしれません。

地球の衛星軌道上(低・中・高軌道)を周回している無数のデブリ(宇宙の人工物体=宇宙ゴミ)とベンヌが衝突した場合、それまで計算されていたベンヌの軌道が狂って地球に衝突してしまう可能性も指摘されています。

仮にベンヌが地球に衝突したとすると、その衝撃は高性能爆薬の30億トン分の爆発力で、広島型原爆の200倍に相当するといわれています。原発やその周辺などに落下した場合は前述のとおりです。

ベンヌを爆破する、あるいは軌道を変更するなどして、地球衝突を避ければいいのではないかと思いますが、そう簡単にはいかないようです。

ベンヌが地球との衝突軌道に入ったら、ロケットを衝突させて軌道を変更させる計画もあるのですが、ベンヌのような巨大小惑星に対してはまったく無力だというのです。

ベンヌの軌道を変更する唯一の方法は、核弾頭をベンヌに打ち込むことです。しかし、放射能を帯びた小惑星の破片が地球に降りそそぐ可能性が高いため、それも実行できないそうです。

それよりも何もしないで衝突させたほうが、まだ被害は少なくて済むといいます。つまり、ベンヌと地球の衝突は阻止できないということです。

まさに来世紀には、天から恐怖の大王が降ってきて、人類の大半が滅亡することになるのです。

さらに原発以上に深刻な問題として、現在、合計約1万5680発の核弾頭が核保有国に配備されているという事実があります

ロシアに7500発、アメリカに7100発、フランスに300発、中国に250発、イギリスに215発、パキスタンに100～120発、インドに90～110発、イスラエルに80発、北朝鮮に10発といわれています。

「この核弾頭保有数から想像することは、「第3次世界大戦」が起これば間違いなく核戦争になるという最悪な事態です。

しかし、核戦争の危険性よりも恐ろしいのは、「100年に3回隕石が落下したという天文学的事実」と、「ベンヌと地球の衝突」のほうでしょう。なぜなら、これは絶対避ける

ことのできない自然災厄だからです。

もし、地球上の核兵器を配備している場所かその周辺に、ロシアに二度落下した隕石と同規模の隕石、あるいはベンヌが直撃した場合、人類の大半は確実に滅亡することになります。

では、どうすればいいのでしょうか？

地球上の核兵器をすべて廃棄し、すべての原発を廃炉にすればいいのでしょうか？

それは可能な話なのでしょうか？

残された高濃度放射性核廃棄物はどうすればいいのでしょうか？

第三章では、こうした問題を解決するため、50年後の未来を見据えた「壮大なプロジェクト」を紹介します。

特別取材レポート

「女川原子力発電所」の安全性について

その日、私は東日本大震災の被災地である宮城県牡鹿群の女川町で実車中でした。

「今度は運転士さんのナゾナゾだよ」
「いいよ。はやくいって」
「どうして、里奈ちゃんと美香ちゃんは、そんなに元気なんですか？」
「それはねえ、こどもだから。こどもは、げんきなんだよお！」

女児たちは同時に大きな声で返してきたので、私は鼓膜が破れるかと思いました。

2018年1月下旬の午後4時ごろ、女川町第4保育所から保育園児ふたり（4歳と3歳の女児・仮名）と、付き添いの保母さん計3人を同町横浦地区までタクシーで送迎していたときのことでした。

車内では女児たちに次々とナゾナゾで攻められ、それも終始大声で攻撃されるので堪りません。とにかく女児たちが元気ハツラツなので仰天しました。

被災当時は、この女児たちはまだ産まれてなかったのです。保母さんに事情を聞くと、女児たちの家族も含め、同地区の住民全員が現在、仮設住宅で生活しているといいます。

同地区は小さな漁村でしたが、震災で村ごと津波に流されてしまいました。それまでは住民のほとんどが漁業で生活していたため、漁業権の関係で石巻市内などほかの地区には転居できません。

すべて津波で流されたといえば簡単ですが、横浦などの牡鹿半島部にはかつて人が住んでいた漁村があり、学校があり、商店や工場では人々が働いていたのです。

あの日から7年が経っていました。被災地の人々は普通に暮らしています。この人たちは幸い津波の被害には遭わなかったのだろうと勝手に解釈して、当時の状況などを聞くと、ほとんどの人が家族や親族、友人を失っていました。

横浦地区の港は復旧工事が進んでいましたが、この地区の住民全員が今でも仮設住宅で生活しています。仮設云々ということよりも、私が危惧するのは、同地区が東北電力女川原子力発電所まで直線にして約5キロの距離ということです。

万が一、女川発電所で事故やテロによって大災害が発生したら、あの女児たちやその家族、住民たちはどうなってしまうのでしょうか。

私は女川発電所へ行って、取材をすることにしました。

女川発電所構内に入構するには、事前にドライバーと車の「入構許可証」を取得しておく必要があります。

たとえ本物の警察官がパトカーに乗車していたとしても、入構許可証がなければ絶対に入れません。国際的なテロ行為が続発しているご時世、これは当然のことでしょう。

入構時の検問は厳重でした。複数の警備員が金属探知機などを使用して、車に不審物が積載されているかどうかを徹底的に検査し、トランク内や車内、同乗者や同乗者の入構許可証まで入念に確認します。

入構が許可されるまで、おおむね7~8分の時間を要します。なお、構内の撮影はいっさい禁止です。

構内では多くのダンプカーやクレーン車があわただしく走り回り、原発再稼働に向けてさらなる安全対策の工事中でした。

それは、ここまでやるかという徹底した工事でした。各施設は「鋼鉄の要塞」といってもよく、3・11のような震災や自爆テロで攻撃されてもビクともしないのではないか、いや通常兵器による空爆でも壊れないだろうというのが、取材した後の私の率直な感想です。

余談ですが、ときどき原子力規制庁の規制事務所職員を発電所構内に送迎することがあります。彼らは「原発を監視する厳正な警察官」というイメージでした。

同職員は、各タクシードライバーの運転中の交通法令順守についても、徹底してチェックする厳しい人たちです。無口というか寡黙で、職務をひたすら遂行する融通が利かない役人といったところでしょうか。

送迎中、私もついかつての刑務官の職務に戻されたような錯覚に陥ってしまいますが、逆に同職員たちが常時、原発の安全性について厳重にチェックしていることがうかがわれます。

ちなみに、原子力規制委員会は環境省の外部組織であり、経済産業省所管の原子力発電所に対して「にらみを利かせている」わけです。

私は女川発電所関係者への取材のため、事前に同発電所の総務課に電話を入れたところ、女川原子力PRセンター所長の安住信也氏が取材に協力してくれることになりました。

取材当日、私は反原発派がネット上に掲載している記事をプリントアウトして持参し、それらの資料を安住所長に見せながら、意地悪な質問で女川原発の安全性について徹底的に確認しました。

先に結論を述べますと、女川発電所が東日本大震災に耐えたのは偶然ではなく、設計者の英知の賜物だと責任を持って断言できます。今回の取材で、女川発電所の安全性の確保が十分理解できました。

福島第一発電所と女川発電所との大きな違いは、地元東北出身の社員が一体となり、過去の震災や大津波の記録や地質調査を緻密に検証しながら、「宮城県を守る」という意気込みで必死に頑張ってきたということでしょう。

女川発電所の安全確保および福島第一発電所との決定的な違いを証明する根拠については、すでに多くのメディアで報道されていますが、私は安住所長から直接入手した資料に基づき、極力正確な情報を伝えることにします。

2012年7月30日、IAEA（国際原子力機構）は2週間の期間をかけ、女川発電所の現地調査をしました。

その目的は、「震源にもっとも近く、大きな地震と津波に襲われながらも安全停止した女川発電所」の調査をするためでした。

調査団のメンバーはIAEAのほか、アメリカやフランスの規制機関を含む地震工学、原子炉安全などの専門家20名です。

調査終了後、IAEAの報告書によると、

「女川原子力発電所は、震源からの距離、地震動の大きさ、継続時間などの厳しい状況下にあったが、驚くほど損傷を受けていない」

という評価を受けました。

さらに2013年5月、女川発電所は、世界原子力発電事業者協会（WANO）から「原子力功労賞」を受賞しました。受賞理由は次のとおりです。

1　女川原子力発電所が、日ごろから緊急時の対応をはじめとした事前準備に備えてきたこと。

2　過去に例を見ない巨大地震と津波にもかかわらず、女川原子力発電所の3基すべてを安全に冷温停止に導いたこと。

3　震災で被災した地域住民を受け入れ、地域とともに困難を乗り越えたこと。

3の地域被災者の避難受け入れについては、受け入れ期間は3月11日～6月6日で、最多受け入れ者数は3月14日の364名です。出産を控えている被災者の女性や、酸素ボンベが必要な被災者などは、女川発電所のヘリコプターで仙台の病院まで救急搬送したといいます。

女川原子力発電所と福島第一原子力発電所との違い

女川原子力発電所が安全機能を確保できた要因は、発電所を安全に停止できたからです。主な理由は三つありました。

①敷地の高さを14・8メートルに設定

到達した津波の規模は、当時の記録によると約13メートルでした。福島第一原子力発電所にも、同じく13メートルの高さの津波が到達しました。

女川発電所の敷地の高さは、地震前は14・8メートル、地震後は約1メートルの地盤沈下によって13・8メートルの高さになりましたが、津波は発電所の敷地内を乗り越えることはなかったのです。

1968年の学識経験者による女川発電所社内委員会では、津波の高さを3メートル程度と想定しています。その後、昭和62年4月に想定津波の高さを9・1メートルに見直しました。

しかし、平安時代の貞観《じょうがん》地震（869年）による貞観津波の影響調査によって、2002

年2月、土木学会手法による津波評価試算値で約13・6メートルの高さを想定し、敷地の高さが14・8メートルに設定されました。まさにジャストミートです。

この設定の背景には、敷地の高さをあくまでも14・8メートルにこだわった人物の存在がありました。元東北電力の副社長・平井弥之助氏です。

女川発電所は、福島第一発電所よりも後の時代に建設されました。設計は今から40年ほど前ですが、その時点で東北電力の人々は、貞観地震で発生した津波を調べていたのです。平井氏をはじめとする当時の関係者たちは、ほかの人々が想定した津波の高さよりも高い津波に備えることを強く主張し、自分たちの意見を貫き通しました。その結果、女川発電所は標高14・8メートルに建設されたのです。

②引き波対策が万全

冷却用の海水ポンプなどの重要な機器は、高さが14・8メートルの敷地の立坑《たてこう》(ピット)内に設置されていたため、津波の被害を受けない構造となっていました。

また引き波時に、冷却に必要な海水が取水設備内に十分確保される構造でもありました。結果、原子炉の除熱機能を確保できたのです。

③2010年までに6600カ所の耐震工事を実施

女川発電所では、過去に経験した地震を踏まえ、2010年までに配管などの耐震工事を自主的に実施していました。

その箇所は、1号機約3600カ所、2号機約900カ所、3号機約2100カ所にのぼります。

使用済み燃料プールを冷却する機能も健全でした。

そのため2号機は停止直後に、1号機、3号機は約10時間後に冷温停止しました。また、放射線モニターに変化はなく、原子炉を「止める」「冷やす」、放射性物質を「閉じ込める」が有効に機能し、安定が保たれたのです。

取材では、安住所長から資料を提示され、直接説明を受けました。「止める、冷やす、閉じ込める」が機能したのは間違いなかったようです。だからこそ、福島発電所のような大惨事には至らなかったのでした。

ネット上では、「奇跡的に震災を免れた」、「冷却に必要な海水が取水設備内に一時的に確保されなかった」など、根拠のないデマがまことしやかに飛び交っています。

何が何でも原発は危険だからという理由だけで、女川発電所に対して非科学的な批判をすることはただの妄想にしかなりません。

事故は奇跡的に起こらなかったのではなく、平井氏という卓越した知見の持ち主の存在と、地元職員たちが責任感・使命感を持ちながら職務に就いていたことによって、未然に防ぐことができたのではないでしょうか。

全国の原発の再稼働・新規建設に関しては、女川発電所の例を見習うべきです。

大地震発生による想定外の津波を防いだ女川発電所と、大事故が発生してしまった福島第一発電所との大きな違いについては、女川原子力ＰＲセンターが提供する科学的根拠に基づく正確な情報が証明しています。

いずれは、地球上から原発がすべてなくなる日が来るでしょう。

現在の電力事情では、原発を再稼働するのもやむを得ないのかもしれませんが、高濃度の放射性核廃棄物の処分問題だけは必ず解決させなくてはなりません。

また、前章でも述べたように、今後は「隕石落下（小天体との衝突）」なども想定されるだけに、一刻も早く原発を地球からなくし、代替エネルギーを開発するべきでしょう。

3・11を風化させるな

「今日は雪が降ってるから、積もれば帰れなくなるよ。もう仕事はいいから、早く帰りな」

その日、私の親族のF（当時65歳）はパート先の石巻漁港から、いちばん仲よしだった友人のDさんに促されて早退しました。

そして、Fが帰宅した後の午後2時46分、東日本大震災が発生し、大津波警報が発表されたため、Fは高台の山に避難して奇跡的に津波被害を免れました。

しかし、先ほどまで一緒に働いていたDさんは津波に流されてしまい、何とFの自宅近くで遺体で発見されたのです。

「ゴザがかけてあったDさんの遺体の顔は見られなかった……」

Fは涙ぐんでいました。

つい先ほどまで職場で仲よく話していた友人のDさんが、津波に流され、しかも何の因果なのか、Fの自宅近くで遺体となって発見されたのです。

FはとうとうDさんの顔を最後まで見ることができなかったのですが、傍らにいたDさんの遺族によるとDさんに間違いないとのことでした。

翌日、Fは自衛隊員から配給されていた非常食を受け取りに行ったのですが、自宅から配給場所まで行くには、市内の大橋(写真)を渡らなくてはなりません。

そのとき、大橋にはたくさんの遺体が横たわっていたそうです。Fは遺体につまづくなど、まるで地獄のような光景の恐ろしさから、次の日からは配給場所へ行けなくなったといいます。

その後、Fは震災当時のストレスから精神に変調をきたしてしまい、今でもときどき何かを思い出すのか、「死にたい……」とうつろな表情でつぶやくことがあります。

復興が大幅に遅れている石巻

震災当時、数十人のご遺体が流れ着いたという大橋
(撮影:河村龍一)

「はじめに」でも触れましたが、2019年の2月26日、想定外のニュースが報じられました。政府の地震調査委員会によると、日本海溝の近くにまた新たな活断層が発見されたというのです。

そして、この活断層や日本海溝周辺を震源としたマグニチュード7クラスの巨大地震の発生確率は、何と30年以内に90％とのことです。

これまで宮城県などの東北地域では、しばらくは巨大地震は発生しないだろうと楽観的に考えていた人々が多かったようです。

地震調査委員会では、「『東日本大震災があったのでもう大地震は来ない』という考えは誤解」と、警戒を呼びかけています。

私は、東日本大震災後に被災地に移住して以来、今でも報道されない復興途上の現地に残る爪痕を見るたびに、自然災害の破壊力の凄まじさに戦慄をおぼえてしまいます。

一方、被災地石巻市の復興工事現場を通るとき、

「国は何をやっているのか。これでは3・11と同じような津波に襲われたら、もっと大惨事を招いてしまうぞ」

と強い憤りを感じていたのです。

自然災害と、それに対応する人間の防災工事はいたちごっこではないでしょうか。

そのことを証明するのが、次頁①〜④の写真にあるような石巻市の護岸道路や防潮堤防です。これらは津波の高さを想定して設計し、建設されたと思うのですが、皮肉にも河川の幅を狭めてしまい、甚大な被害を引き起こしてしまったようです。

「女川は地形的に見ても海から町に向かって狭くなっている湾だから、津波が押し寄せた

とき海水が膨れ上がって20メートル以上の高さになり、町全体が津波に飲み込まれてしまったのです」

２０１８年1月下旬、女川町でタクシー会社を経営しているK氏が当時の被災状況を説明してくれました。

写真②を見てください。地元の人々によると、築堤護岸工事のため、３・11以前よりも河川の幅が狭くなっているそうです(２０１９年4月現在)。

もしそうであれば、海からの津波が増幅されて押し寄せるため、周辺の海抜ゼロ地帯の居住区域は水没してしまいます。

①日本大震災による津波が海から旧北上川を遡上し、大変な洪水被害となった石巻市内
石巻市のＨＰより

②護岸工事中の旧北上川
(撮影:河村龍一)

③旧内海橋の築堤護岸工事現場。旧内海橋と新しい堤防のTP（東京湾平均海面）は、ほぼ同じ。新堤防のTPは7.2メートル
（撮影：河村龍一）

また、常連客のAさんを乗せているとき、彼女は呆れてこういいました。

「あの堤防の高さでは、前と同じ津波が来たら簡単に乗り越えてしまうわよ。何を考えているのかしら。国の人たちは、自分たちのことしか考えていないのね。これからの若い人たちが気の毒です」

Aさんは石巻市渡波《わたのは》地区在住の60代後半の女性客です。理知的な雰囲気が漂う淑女という印象を感じさせます。

Aさんによれば、3・11では津波が旧内海橋を乗り越えて河川を遡上したというのです。そしてこの話にまつわる、地元のある有名な出来事があります。

震災発生時、旧門脇町に住んでいた老夫婦が自宅と一緒に津波に流されました。ベッドで寝たきりの御主人は、ベッドごと旧内海橋を乗り越えて流され、付き添っていた奥さんも同時に流されましたが、老夫婦は陸地に打ち上げられて奇跡的に救出されたのです。

おりしも、ハワイ気候委員会が２０１７年にまとめた報告書では、地球温暖化にともなう海面上昇の影響により、ワイキキビーチは今後15～20年の間に水没すると予想しています。

また第一章で述べたように、遅くとも今世紀末には世界中の海面が約4・6メートル上昇するとの警告もあります。

このことは、震災後に1メートルも地盤沈下した石巻市では深刻な問題です。

現在も旧北上川などの河川沿いでは築堤護岸工事中ですが、先述の新たに発見された日本海溝周辺の活断層を震源とした「宮城県沖大地震」が発生すれば、3・11の津波の高さを想定して設計・建設した堤防などは簡単に乗り越え、高さを増した津波が住吉地区、井内地区、八幡町、不動町、水明町、中央町、立町など被害が想定される地域が女川町と同様に水没することになるからです。

④（上）2020年６月完成予定の新内海橋。（下）被災して現在も使用中の旧内海橋
（撮影：河村龍一）

写真④（上）のように、被災地石巻の復興工事はまだまだ完了していません。大幅に復興工事が遅れているのです。

本来、新内海橋は2018年9月までに建設が終了し、すでに開通している予定です。しかし、なぜか橋の建設を請け負っていた会社が二度（二社）倒産したため、橋の開通が大幅に遅れました。

今回ようやく再開された工事では、三度めの建設会社が請け負っています。震災後、いまだに旧内海橋（写真④下）が国道398号と石巻中心街を結ぶ唯一の橋となっています。

石巻市の復興工事は市内ばかりではなく、牡鹿半島地区や雄勝《おがつ》町、北上町なども震災の被害が広範囲におよんでいるため、1兆2000億円程度の復興予算では完全な復興工事ができないのです。

しかし、たとえ工事に莫大な税金を投入したとしても、先述の日本海溝周辺の巨大地震が起これば、再び多くの犠牲者が出てしまいます。

3・11の悲劇は二度と繰り返してはなりません。人類の英知を結集し、終末的大災害から人々を救助する方策を考える時代に突入したと、国は強く認識するべきです。

私は、決して石巻市の復興施策を否定しているのではありません。むしろ、ほかの被災地と比べてかなりの広範囲にわたって被害を受けた石巻市は、限られた予算と人員の中で本当に復興に尽力しています。

村井嘉浩宮城県知事や亀山紘石巻市長には、この場をお借りして心から敬意を表します。そうではなく、「復興五輪」などというブラックジョークにもならない戯言や、さらに東日本大震災が「東北でよかった」と発言して世論に叩かれたあげく、辞任に追い込まれるような復興相を任命している、現政権に対して苦言を呈しているのです。

石巻復興施策課によると石巻の復興予算は、先ほども申し上げたようにたったの1兆2000億円です。それも令和2年度で打ち切られてしまうのです。

約26兆円ともいわれている復興予算のほとんどが、「暴力団のクイもの」といわれた福島第一原発事故の放射能汚染除去処理作業などや、被災地の復興工事とは関係のない工事に使われているようです。

私が述べたいのは今後、万が一また大災害が発生し、全国の被災地の復興施策の実施にあたって、今のような復興工事ではまったく対応ができないということです。

これまで見てきたように、遅くとも今世紀末までに発生する海面の上昇や、破局的災害に対処するために、中長期的スパンで捉えた科学的根拠に基づく防災施策を考えてほしいのです。

東日本大震災のような悲劇は二度と繰り返してはなりません。

復興工事〝秘話〟

ここで、首都直下型大地震発生時の避難先といわれている「高層ビルの安全神話崩壊」につながりかねない、ある貴重な証言を述べてみたいと思います。

実は、私は石巻に転居してまもないころ、現在の耐震構造に基づいた高層建築物の危うさを証明するある情報を某建設業者から入手しました。

当時、復興状況などの情報については、現地の建設業者に直接取材したほうが早いと思った私は、石巻駅前の小さな居酒屋に入ってお酒を飲んでいたところ、それらしき人物と意気投合し、酒を酌み交わしているうちに酔いも手伝って、その業者から復興工事にまつわる「トンデモナイ裏話」を聞かされてしまったのです。

業者のH氏は37歳で、東日本大震災発生直後、関西から被災地石巻に出張してきたといいます。奥さんと子ども3人の5人家族ですが、単身赴任で某大手建設会社の独身寮に住んでいました。

「それにしても石巻の復興は、ほかの被災地よりもかなり遅れていますね」と、私はそれとなく聞いてみました。

「みな、東京五輪に流れていってしまったわ。人も材料もや。あと福島にな」

H氏はろれつの回らない口調でこぼしていました。

「福島の除染作業は通称8次受けや。それでも当初は儲かるゆうて、みなあっちに流れてしまったのや。でも、大手の下請けの、そのまた下請けあたりからヤクザが入り込んでな、みな手間賃をピンハネするさかい、最後にもらう金は、現場で働いとる作業員はわずか8000円くらいだと聞いたわ。だから、みな辞めてしまったのや。結局、あそこはヤクザの食い物にされてしまったのや」

何とH氏がいうには、福島原発の放射能除染作業がすごく儲かるのでヤクザが入り込み、工賃のピンハネが横行し、8次受けと称して中間業者（ヤクザ）のフトコロは潤うが、末端の作業員の手にわたる工賃は1万円を切ったというのです。だから、すぐに現場の作業員たちが辞めていったのだと。

見かねた国が対応策を考えてから、今ではかなりまともな状況に戻ったようですが、その後東京五輪に人や材料が流れてしまって、結局いちばん被害の大きかった石巻の復興がかなり遅れてしまったということです。

「あんた作家さんいうたな。もっとおもろい話があるで！」

グラスに半分くらい残っていたチューハイを一気に飲み干すと、H氏が笑みを浮かべながら私に視線を向けてきました。

「おもしろい話とは？」

「例の『事業仕分け』や。蓮舫とかいうオバンが騒いでいた時期にな、手抜き工事が横行したのや。わしらが、ここだけはやらないと（工事しないと）笹子トンネルのように崩壊するでというても、お役所の人間は『そこはやらなくていいから』と手抜き工事を強制してきたのや。あれは絶対あかん。大阪でも東京でも同じやで」

H氏は真剣な表情になり、そういったのです。

民主党政権下、当時は蓮舫議員の「事業仕分け」が脚光を浴びていました。しかし、それとは裏腹に、官公庁から請け負う仕事は予算をがっちり削られてほとんど儲けがないことから、必然的に手抜き工事が横行したのです。

たとえば橋げたやビルの建設工事では、柱に必要な鉄柱が10本だとしても、まともにやったら儲けが出ないため、見えない工事個所のすべてを7〜8本の鉄柱で済ませたといいます。そうやって材料を少なくして儲けを出してきたようです。

さらにH氏は、業者間では通称「シャブコン」と呼ばれている手抜き工事についても教えてくれました。

ビル工事に不可欠な材料の「生コン」に使うセメントの数量もちょろまかしているケースが多く、耐震設計上必要なセメントの数量よりも実際は少なくして、そのぶん水を増やして生コンの量の帳尻を合わせて儲けを出しているそうです。まさに「水増し」状態の超高層ビルの壁と柱です。

つまり、耐震構造が震度7に耐えられるのは設計図だけであり、実際は手抜き工事をしたビルや橋げたなどは、地震が発生してからでないと本当に耐震構造になっているのかどうかわからないのです。

H氏の説明によれば、首都東京の高層ビルでも耐震性に関してはまともに信用しないほうがいいとのことでした。

耐震性に優れたビルだからといって、「ここは大丈夫」などと絶対に盲信しないことです。H氏がいったように、実際に発生してみないと、そのビルが倒壊するかどうかわからないのですから。

おそらく、被災地のガイドをしてきた私から見ると。南海トラフ巨大地震や首都直下型大地震が発生した場合、「重力加速度を上回る縦揺れ」や「長期振動」に耐え切れず、倒壊する超高層ビルが続出するのではないかと推察します。

しかしそれよりも、「巨大地震の被害想定」のところでも述べましたが、日本でもっとも人口の密集している東京都内では、火災旋風と東京湾からの大津波による被害のほうが地震よりも怖いと思います。

大川小学校の悲劇

広島型原爆31万6700発分――

後に「3・11」と呼ばれる巨大地震（マグニチュード9・0）のエネルギーを核爆弾に換算した数値です。

広島では、爆心地から半径2キロ以内が灰燼に帰したといいますから、単純に計算すれば半径1155キロ以内が壊滅することになります。

もし、東京が爆心地であれば、北は北海道の根室から南は九州の鹿児島まで、日本のほぼ全域が消滅する核爆発が起こったと想定されます。

そんな巨大なエネルギーを秘めた大地震による大津波が、宮城県石巻市の大川小学校を直撃したのです。

宮城県石巻市釜谷《かまや》地区の北上川河口から約4キロの川沿いに位置する大川小学校は、3・11では大津波に飲み込まれ、全校児童108人の7割に当たる74人が死亡または行方不明となり、教職員も13人のうち10人が行方不明という大惨事に見舞われました。

児童が下校準備をしているときに地震が発生したため、全員が校庭に避難して約45分間も待機していたといいます。児童の一部は迎えに来た親と帰宅しましたが、校庭に残った子どもたちに悲劇が起きたのです。

釜谷地区はこれまでに津波が到達した記録がなく、宮城県も石巻市も昭和三陸大津波レベルなら大川小学校には津波が来ないことを公言し、それ以上の大津波への対応はまったく考慮していなかったそうです。

さらに、大川小学校はいざというときの避難所だったというから呆れました。そのため、大地震が発生したにもかかわらず、裏山への避難を考えてなかったのです。

仮に、教師が津波は海から川を遡上することを認識していれば、「川沿いを通りながら高台に誘導する」などというもっとも危険な選択はあり得なかったのです。

（上）大川小学校校舎北側
（下）小学校の裏山
（2018年９月21日／河村龍一撮影）

（2017年3月21日／河村龍一撮影）

「何で、あんなところに避難させたんだ……」

70代前半の老人が悄然として嘆いていました。

２０１７年の９月、私が石巻市内の大橋仮設住宅で迎車した乗客は、３・11で孫の大川小学校生徒（男児）を亡くした遺族でした。

それとなく事情を聞いたところ、乗客の家族も大川地区に住んでいたそうで、当時は全員が津波に巻き込まれるなどして被災死したといいます。それで今も同仮設住宅で独り暮らしをしているそうです。

私はタクシードライバーとして、これほど垂頭喪気した乗客を乗せた記憶がありません。

震災後、私は取材も含めて4回、大川小学校を訪れました。実は、私の甥っ子（享年36歳）も大川小学校の近隣で津波に巻き込まれて、一週間後に遺体となって発見されたので、決して他人事ではなかったのです。

私が被災地視察者をガイドするときは、写真ではわかりにくいかもしれませんが、必ず雨が降っていました。

２０１８年の秋口、横浜から視察の旅に来たという50代前半のお母さんと20歳前後の娘さんたち二人の乗客を大川小学校にご案内したとき、私（語り部＝ガイド）の話を聞いて涙を流していただいたことが、今でも忘れられません。

そして、私が大川小学校に行くときは必ず雨が降っていたことを二人にお話しすると、「きっと、お亡くなりになったお子さんたちが泣いているのでしょうね」と、お母さんがハンカチで目頭を押さえながら、小さな声でいっていました。私は被災者ではないのですが、そのときは、本当に感謝・感激いたしました。

私の甥っ子も大川小学校の周辺で被災死した事情から、私は妻とプライベートで大川小学校に行くこともありました。

2年前だったと思いますが、大川小学校の慰霊碑まで焼香に同行した霊感の強い妻は、上の写真に写っている校舎の屋上から子どもたちが見ていると泣いていました。

大川小学校の裏山の実状

私は小学生のころ、険しい山岳地帯の「山登り＝山遊び」をときどき経験したことがありますが、そういう山から比べれば、大川小学校の裏山を登ることは何でもありません。小学生でも簡単に登れる山だったと思います。

なぜ、ここに避難しなかったのか、その理由が本当にわかりません。ガイドしたお客さんたちのほとんどが、大川小学校の裏山を見て悲しんでいました。

みなさんは沈痛な面持ちで「何で…」と異口同音につぶやいていました。裏山に避難しなかったことが納得できなかったのです。

3・11発生時、私は東京にいましたが、一瞬、駿河湾沖の「南海トラフ巨大地震」が発生したのかと勘違いするほど激しく揺れていたと記憶しています。まして震源地に近い大川小学校ではかなり揺れたはずです。

児童たちが校庭に待機していた45分もあれば、74人の児童や先生たち全員が助かっていたと思うのです。そう考えると大変悔やまれます。

一度、大川小学校に足を運べば、先生の指示に逆らって裏山に逃げた児童がなぜ助かったのかわかります。

亡くなった大川小学校の74人の児童と13人の教師のみなさまのご冥福を心よりお祈り申し上げます。

――合掌

第三章
地球と人類を救う方法

一　「現代版ノアの方舟」で破局的災害から脱出せよ！

私は、女川町の復旧工事や盛土工事が、災害に弱いとして批判しようとするつもりはありません。

むしろ、他の市町村の宅地造成工事現場などよりは頑健だと評価できますし、業者も手抜きなしで一生懸命作業していることが見ていてよくわかります。

問題は、1時間に120ミリ以上の降雨量という近年の異常豪雨による災害が、人類の想定していた規模をはるかに上回っており、危険だと指摘しているのです。

もはや、これまで認証されてきた防災関連の建築基準や、従来の避難場所はまったく通用しなくなった時代に突入しています。

この点をご理解いただきたいのです。あくまでも、地球的規模の気候変動から住民の生命を守る観点で述べています。

被災地の女川町には避難場所がない!?

「おい、運ちゃん、あそこのような盛土にした場所はいちばん危ないぞ。俺は山の持ち主だから土砂災害をよく知っている……」

２０１７年７月中旬、女川町内の中心部で盛土工事をしている現場を賃走していたとき、60代後半の男性客が工事現場を指さしながら、険しい顔つきでそう語り出したのです。

この日、女川魚市場から乗ってきたその客は、愛媛県から来たという漁船員でした。彼は地元の山の地主だといいます。

土砂災害を熟知しており、造成工事などできちんと崖の斜面を整備すれば、それほど危険なものではないそうです。

しかし、1時間の降雨量が100ミリを超えるような記録的豪雨の場合、これまでの常識はいっさい通用せず、特に女川町のように山間部を切り崩して嵩《かさ》上げ工事した区域は、豪雨災害に対しては非常に脆いと指摘していました。

そして同7月下旬、

「中国とか韓国のほうでも大雨がすごいらしいけど、最近は地球がおかしいのではないですか？」

女川駅から乗せた70代後半の女性客が、予期せぬ話題を不安げに切り出してきたのです。失礼な言い方ですが、まさか彼女のような高齢者が、近年の豪雨災害について論評してくるとは思いませんでした。

さらにこの日の午後、女川役場から乗せた常連の女性客の木村さん(仮名)は、

「九州の豪雨のように最近の雨は怖いから、役場の人に女川があれだけ山を切り崩して工事しているけど大丈夫ですか、と聞いてしまいましたよ。たぶん、崖崩れするんじゃないですか」

と不安な面持ちで訴えてきたのです。

女川町は背後が山に囲まれ、正面が海という港町です。山を切り崩し、山肌が露出した崖の斜面を見て、地元住民でさえ不安を抱いていました。

「怖いですよ。でも、ほかに住む場所ないし……」

同日、左の写真の地区に居住している30代前半の男性住民に取材すると、眉をひそめてそう嘆いていました。

女川町は居住施設を高台に移転させたため、山間部を中心に宅地造成工事を終えた現場が多いことから、新たな危険性が浮上してきました。山間部の町特有の「山津波被害」です。

女川町住民高台移転のための
宅地造成工事現場
(撮影:河村龍一)

第一章では記録的な豪雨災害について述べました。

被災地女川町は町の復興が早かったのですが、新たな危機に直面しているのではないでしょうか。

もし、女川町が記録的な豪雨に見舞われてしまった場合、肝心な避難場所がないのです。このことは住民たちも十分に認識していますが、その危険性は女川町のみならず、全国各地の同様な地形の市町村に共通しています。

２０１１年の東日本大震災から8年を経過し、女川町は確実に生まれ変わりました。

２０１８年は、優れた都市デザインや街づくりを表彰する「２０１８年度都市景観大賞」の「都市空間部門」において、「女川駅前レンガみち周辺地区」が最高賞の「国土交通大臣賞」を受賞しました。

復興を成し遂げた被災地女川町は、魅力的な街並みや風景に誘われて、私もときどき散策に行きます。

二度と自然災害の悲劇が繰り返されないように、同町には新たな「防災・避難対策」の準備が必要です。

「現代版ノアの方舟」の建造構想について

「もう、どうでもいいと思う。どんなにがんばって働いてお金をたくさん稼いでも、ああ、こうやって人間は簡単に死んでしまうんだな、あの世には一円の金も持って行けないので意味がないな、今まで努力してきたことが何にも報われないんだなと。毎日毎日、大ぜいの転がっている遺体を見ていたら、俺はそういう気持ちになってしまって、欲も何もなくなった……」

2018年1月下旬、石巻駅から石巻市内最大の仮設住宅団地「開成第13団地」まで乗せた男性客は、途中の車内で突然、投げやりな口調でそう語り出したのです。

乗客の佐藤実さん(仮名)は45歳で、当時は無職でした。2016年6月に東京から転居して以来、私はときどき石巻駅タクシー乗り場で彼を乗せることがありました。

「今日は雪で寒かったですね」と声をかけても、「ああ……うん」とうつむいたままかすれるような声で反応するだけで、車内では常に不愛想で無口でした。

彼は長身ですが、内科系の病気に罹患している様子で、かなり痩せ細っていました。目つきがどことなく異様であり、どこか普通の社会人ではないように見受けられました。

この日はなぜか、彼のほうから積極的に話しかけてきたのです。震災後、彼が配給された支援物資や食糧などを受け取るために外出すると、石巻市内の至るところに無数の遺体が転がっているのを目撃したといいます。

最初のころは恐怖を感じていましたが、多くの遺体を見ているうちにしだいに慣れてきたそうです。しかし気温が上昇した日だけは、遺体の匂いがひどくて我慢ができなかったといいます。

佐藤さんが居住していた開成第13団地
（撮影：河村龍一）

彼は震災以前、石巻市内の北上町で父親と母親との3人で暮らしていました。その年老いたご両親は、震災で自宅ごと津波に流され、いまだに行方不明のようです。

当時、彼は仕事で仙台に行っていたために助かったのですが、震災後は何かをする意欲が失せて、仕事にも就けず、精神的におかしくなってしまったと打ち明けてくれました。

佐藤さんとの会話は、この日が最後となりました。

3カ月近くも駅のタクシー乗り場で見かけない佐藤さんのことが気になり、石巻駅構内で待機していた顔見知りのタクシードライバーにそれとなく聞いてみました。すると、

「ああ、佐藤さんなら2月に亡くなったみたいだ。病気が悪化して、仮設で死んだ後に発見されたとか、ノイローゼで首を吊ったとかの噂話を聞いたよ。はっきりしたことは俺にはわからないけどな」

と眉をひそめながら、淡々とした口調で教えてくれました。

あの日から7年を経過しても、被災地復興の陰では、メディアでは報道されない悲話が絶えることがありません。

震災のショックや、7年という長期的な仮設住宅の避難生活のストレスが、居住者の心身を徹底的に破壊するというケースを今回、初めて知りました。

かつて佐藤さんの自宅があった区域
『石巻市復興まちづくり情報交流館』のパンフレットより

私たちは現在、誰でもいつ巨大震災などの被災者になってしまうかわからない時代に生きています。

災害によって家族や友人を失い、家も破壊され、職場さえ失ってしまい、仮設住宅などの避難施設で長期間の生活を余儀なくされれば、「普通の生活」をするということ自体が無理な話なのかもしれません。

地球温暖化による「気象災害」や地殻変動による「巨大震災」、「火山噴火」などが危惧される現況下、国は被災者の避難場所や避難生活について、被災者をそれ以上苦しめず、逆に被災した人々を「癒す」新たな避難施策を講じるべきではないでしょうか。

近未来型港町に生まれ変わる！

女川町には原発があります。

普通に考えればマイナスなイメージでしょうが、実は「原発の町」という特権を活かして、将来は原発のゴミである放射性核廃棄物を「宇宙港」（「宇宙エレベーター」のアースポート）まで輸送する「中継基地」として、生まれ変わることもできるのです。

「宇宙エレベーター」は物資ばかりでなく、一度に多くの人間を輸送できる特性を持っています。地球上空の宇宙空間にロケットの発着場を建設すれば、人類はそこを拠点にして月や火星などに宇宙旅行をすることも可能となります。

現に「宇宙エレベーター」については、大手ゼネコンの大林組が2050年に完成させる想定で建設構想を発表していますが、「宇宙エレベーター」に関しては後ほど詳しく述べます。

世の中には2種類の夢があります。「物欲を満たす夢」と「人類の未来に託す夢」です。物欲を満たす夢は、環境破壊を引き起こしたり、犯罪を誘発します。しかし、人類の未来に託す夢は、実現するために莫大なお金がかかりますが、破局的な災害から人類を護ってくれます。

そこでまず、「人類の未来に託す夢」の一つである、「現代版ノアの方舟」の建造構想について述べることにします。

災害救助ということで、とりあえずは防衛省の所管にします。そして従来のような陸上仮設住宅ではなく、大規模な災害が発生した場合に備え、数多くの被災者をすぐに受け入れられる豪華客船のような巨大船舶を「水上仮設団地」として建造するのです。

最近、国内でも頻発している記録的な豪雨や大型台風、さらに首都直下型大地震、南海トラフ巨大地震、富士山噴火など、東日本大震災を上回る終末的災害の発生が危惧されています。

しかし、あらかじめ水上仮設団地を建造しておけば、万が一それらの災害が発生した場合でも、被災者は避難場所を探す苦労をすることなく、ただちに安心して避難生活を過ごすことができます。

また、巨大震災に誘発されて原発事故が発生したとしても、すぐに安全な区域の海洋上まで移動することが可能であり、危険な放射能に被爆することもありません。

しかも、大型豪華客船のような船舶での避難生活は、衛生面を保障され、日々快適に過ごせます。

陸上の仮設住宅のような環境の避難生活と違って、日常のストレスが原因で重篤な病気に罹患したり、死亡するといった悲惨な事態も回避できるでしょう。

水上仮設団地として巨大船舶を活用することは、世界でも初めての試みになりますから、普段は国内の海に近い湖や港に停泊させておいて、船舶内に設置されたホテルやレストラン、劇場などの商業施設や医療機関などを周辺住民や観光客も利用できるようにします。

さらに、巨大船舶が停泊している港や湖などに通じる道路は、バスやタクシーなどの公共交通輸送機関が利用できるように整備しておけば、「近未来型水上仮設団地の港町」として国内外にアピールでき、観光面でも収益を確保できるでしょう。

水上仮設団地のモデル

そもそも、水上仮設団地として使用するクルーズ客船とは、乗客に船旅（クルーズ）を提供するための旅客船です。巡航客船ともいいます。

宿泊設備を持つことは当然であり（約3600人収容可能）、レストランやバー、フィットネスクラブやプールなどの娯楽施設も備えているため、ストレスを感じさせません。

また、透析室を備えた病院も設置してあり、医師や看護師が乗船しているので病気やケガなどにも十分対応でき、避難者は長期間でも船旅をしているかのような安心した生活が過ごせるのです。

通常、クルーズ客船はサービス内容や価格帯により、次の3クラスに区分されます。

マス

その名のとおり、マス（大衆層）を対象とした船です。船を大型化することによるスケールメリットで単価を下げています。宿泊代は安いのですが、船内の飲食の有料部分を多くしたり、カジノのスペースを大きくするなど、それらを収益源とするビジネスモデルをとっています。

プレミアム

付帯するサービス（全室食事つき、イベント招待など）を加味すれば、このクラスの下・中級船室でも、日本のリゾートホテルと同等もしくは割安になります。

ラグジュアリー

クルーズ客船の中でも上級なサービスを提供する船です。

こうしてみると、水上仮設団地として活用する船舶のクラスは、乗客（避難者）を多く収容でき、建造コストも抑えられるマスクラスのものがベストでしょう。

水上仮設団地の船内設備

水上仮設団地に基本的に備えられるのは、宿泊設備のほかレストランやバー、ラウンジ、プール、フィットネスクラブ、理・美容室、劇場、病院、託児所、臨時の幼稚園や学校、その他の各種ショップなど多岐にわたります。

先述のように、水上仮設団地には病院が設置してありますので、医師と看護師が乗船し、透析室も備えるなど避難者の健康管理を行ないます。

クルーズ船の船医によりますと、「簡単な手術（虫垂炎、帝王切開など）ができる程度の設備は整っている」とのことですが、船という限られた空間の制約から、重篤の患者が発生した場合は対応が困難だそうです。

その場合、次の寄港地で下船（入院）させるか、緊急を要するときは最寄りの港に臨時寄港したり、沿岸航行中はタグボートやパイロットボートを横づけしての移送、さらにはヘリコプターによる移送も実施できるとのことです。

水上仮設団地でも同様の対応が可能となるでしょう。

破局的災害発生時には最適な避難場所

実際のところ、今すぐにでも「破局的災害」が起きたとしたら、各市町村では数万人単位の被災者をどこに避難させるのでしょうか。

学校の体育館や公民館などの公共施設に一時的に避難させたとしても、その後の避難生活はどうするのでしょうか。従来の仮設住宅では、圧倒的な被災者数に対応することはできないでしょう。

さらに食糧や薬などの問題に加え、トイレの問題も深刻になってきます。東日本大震災では、トイレの問題で多くの被災者が難儀したそうです。

ある女性の被災者によると、停電・断水でトイレが使用できなくなったので、家の中の階段下に「紙オムツ」を敷き、その上に排便し、ゴミ袋にオムツごと入れて処理したそうです。

まして長期間の仮設生活は、被災者の健康を害し、持病なども重篤化して生命にかかわってくる場合もあります。

そこで、大災害が発生した場合の避難地域は陸上ではなく、海に近い湖沼などにおくべきでしょう。避難場所は、その湖沼に停泊している巨大船舶です。

地球は、海と陸の比率が7：3という「水の惑星」です。異常な豪雨が予想された時点で、土石流や山津波に被災するような危険な陸地へ避難せずに、水上（湖沼）に避難すればいいのです。

「西日本豪雨災害」のように1日の降雨量が1000ミリ以上でも、まったく関係ありません。水上に避難しているのですから、これほど安全な避難場所はないのです。

船内にはレストランや病院、スーパーマーケットなどの各種店舗、臨時の学校や保育施設、介護施設、スポーツジムなどの生活拠点施設も完備されていますから、約3600人規模の「移動する水上の町」ともいえます。

日本には湖沼がたくさんあります。中でも霞ケ浦、琵琶湖、浜名湖など海に近い大型の湖を改造して、「現代版ノアの方舟」を建造し、停泊できるようにしておけばいいのです。

人工運河も建設して、海と湖沼を直結させます。海と湖沼のゲートは、パナマ運河の閘《こう》門《もん》式やスエズ運河の（水平式）などと同様に、巨大船舶が通過できるように広くて頑丈な水門に仕上げます。

航路となる海や湖の底を深く掘り下げるなど、船舶が座礁しないように浚渫《しゅんせつ》工事も実施します。

各部屋4～5人を定員とし、全室がエアコン完備のバス、トイレ、テレビつきですので、陸上に設置されている現在の仮設団地とは雲泥の差があります。避難生活からくるストレスなどで体調を崩すこともなく、快適に生活できるのです。

ちなみに、次頁①の写真の「ロイヤル・プリンセス」の建造費用は、1隻約500億円ですが、大手船舶建造業者によると、避難施設としてシンプルに建造すれば、1隻300億円程度で建造できるそうです。

1隻あたりの避難住民の収容人員は約3600人ですから、10隻（3000億円）で約3万6000人、100隻(3兆円)で36万人を収容することができます。

この金額が高いか安いか、次の数字から判断してみてください。

首都直下型大地震が起きた場合の経済被害

マグニチュード7・0クラス　約95兆円

マグニチュード8・0クラス　約160兆円

首都直下型大震災後20年間　約778兆円
南海トラフ巨大地震後20年間　約1410兆円
地震予知の研究期間50年間　約1000億円

しかも、「現代版ノアの方舟」の1隻につき、船内で働く乗務員約1500人の雇用が創出されます。

乗務員だけではなく、船内の各店舗や病院、学校、レストラン、スポーツ施設、映画館などのほか、湖沼周辺の観光、レジャー施設などで働く人々の雇用も創出されるのです。

普段は、大型豪華客船として一般の旅行者や観光客などに利用してもらい、その売上収益を船舶の維持・管理費、人件費などにあてればいいのです。

今、地方では少子高齢化にともなって人口の減少や流出が著しく、このままでは2060年までに半分以上の地方自治体が消滅するといわれています。

そこで「現代版ノアの方舟」を建造することによって、巨大船舶が停泊している湖沼周辺の各市町村では、「21世紀の近未来型水上避難施設(水上仮設団地)」のモデル都市として、国内外から多くの観光客を呼び込める可能性があります。

そうすれば地方再生（活性化）にもつながり、雇用の創出によって人口減少にも歯止めがかかるのではないでしょうか。

西日本豪雨被災者が豪華客船に宿泊

山陽新聞によると、2018年8月3日、西日本豪雨で被災した倉敷市真備《まび》町地区住民が、玉野市宇野港に停泊中の防衛省のチャーター船「はくおう」で1泊2日の宿泊サービスを受けました。

船舶は休養施設として、倉敷市が用意したとのことです。事前に申し込んだ88人の住民が避難所からバスで到着後、家族ごとに客室に入りました。

住民たちは休養中、瀬戸内海の景色を眺めたり、エントランスのソファルームでくつろいだりして、レストランで温かな夕食を楽しんだそうです。

「現代版ノアの方舟」のイメージ
（豪華客船「ロイヤル・プリンセス」）

「はくおう」は防衛省が民間から有償で借り受け、被災者支援などに活用するフェリーです。船内にはトレーニングジム、大浴場なども備えてあり、倉敷市が県を通じて派遣を要請したといいます。

これはあくまでも一時的な試みですが、豪華客船が被災者の「快適で安全な避難所」として活用されたのですから、多くの被災者からも評価されたことでしょう。

今後は本格的に、本書で述べているような「水上避難施設」（仮設団地）を建造してほしいものです。

湖と海を直結する「人工運河」

ここで、被災地の女川町と石巻市の双方に位置する万石浦《まんごくうら》を改造し、水上仮説団地を停泊させる具体案について述べたいと思います。

理由は、女川町には原発がありますが、万が一何らかのトラブルや終末的災害が発生した場合、肝心の避難道路がまともに機能せず、最悪な事態を招いてしまうからです。

地形的に、女川町から石巻市内に通じる道路は2本しかありません。国道398号線と県道234号線です。

宮城県女川町万石浦（写真中央）と石巻湾（写真左下）を
「水平式人工運河」で直結したイメージ

また、女川町から石巻を経由して仙台方面、あるいは岩手方面に避難しようとしても、女川町と石巻市の間には旧北上川があり、現時点では四つしかない橋（開北橋、大橋、内海橋、日和大橋）のどれかを渡らなければなりません。

問題は、これらの橋の慢性的な渋滞です。朝夕は、通勤・帰宅ラッシュでまったく道路が機能していない状態です。

もし女川原発事故が発生したとすれば、女川町民約9000人と、周辺の渡波《わたのは》・井内地区などの住民約8000人がいっせいに避難し、四つの橋の周辺道路はたちまち車であふれ返って、2万人近くの避難者が仙台方面や岩手県方面へ避難することが不可能となり、最悪な状況つまり放射能に被爆してしまうでしょう。

そこで、安全な場所へ移動することができる「水上仮設団地＝現代版ノアの方舟」が登場してくるのです。

もちろん船舶なので陸上を移動（避難）することはできませんが、前頁の写真のように海と近隣の湖沼（万石浦）を直結する人工運河と水門を建設しておき、いざとなったら湖沼に数隻停泊させている水上仮設団地に地元の住民を避難（乗船）させ、人工運河を通過して安全な海洋まで移動すればいいのです。

女川町と同様に、原発が建設してある日本全国の市町村は、海に近い湖沼を改造して「現代版ノアの方舟」を停泊させておき、原発事故が発生した時点ですぐに船舶で人工運河を経由して安全な海洋まで脱出すれば、多くの住民を「原発事故による被曝」から守ることができるのです。

東京都江東5区250万人が被災する！

東京都東部の大規模水害時の対応を検討してきた「江東5区広域避難推進協議会」は、

地球温暖化による大規模水害を想定し、内閣府や国土交通省などとともに2018年8月22日、ハザードマップと広域避難計画を発表しました。

公開されたハザードマップは、巨大台風などで荒川と江戸川が同時に氾濫した場合、江東5区の人口の9割以上が住んでいるエリアが水没すると指摘しています。

浸水想定区域に住む250万人には、隣県などへ早めの自主避難を求める方針ですが、約100万人が暮らす江戸川区西部と江東区東部などでは、2週間以上浸水が続くとし、浸水の深さが最大10メートルに達する地域もあるとのことです。

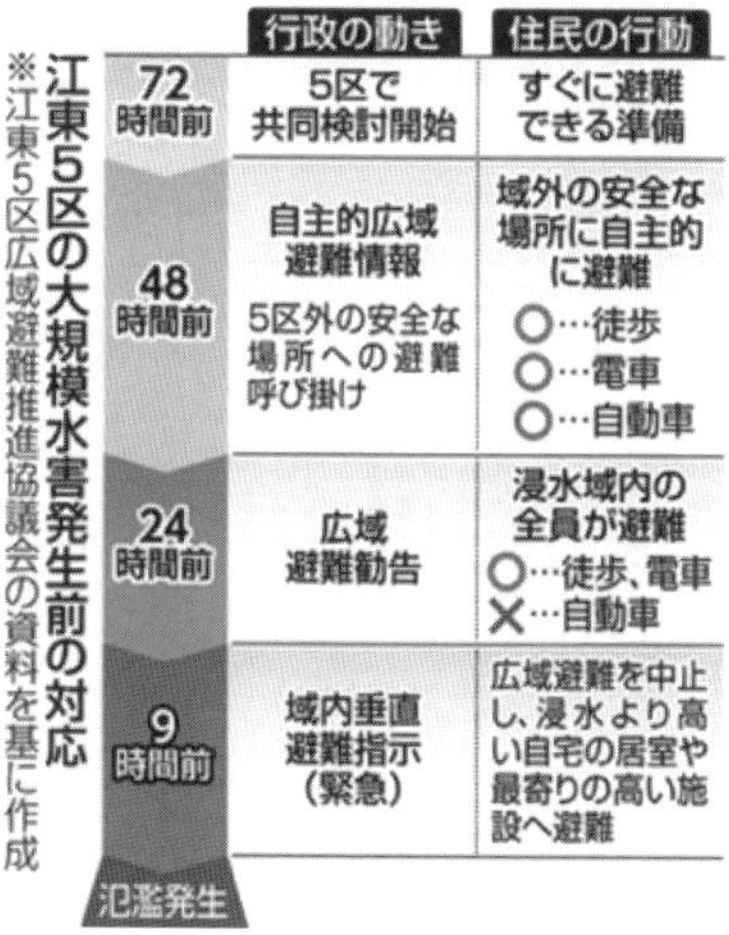

	行政の動き	住民の行動
72時間前	5区で共同検討開始	すぐに避難できる準備
48時間前	自主的広域避難情報　5区外の安全な場所への避難呼び掛け	域外の安全な場所に自主的に避難　○…徒歩　○…電車　○…自動車
24時間前	広域避難勧告	浸水域内の全員が避難　○…徒歩、電車　×…自動車
9時間前	域内垂直避難指示（緊急）	広域避難を中止し、浸水より高い自宅の居室や最寄りの高い施設へ避難
氾濫発生		

東京都江東5区広域避難推進協議会資料

しかし、域外の公的な避難場所の確保は見込めていないようで、今後、埼玉や千葉など隣県を含む他の自治体との連携を進めるそうです。

さらに、広域避難勧告を発令する基準を独自に設け、河川の氾濫の二日前から段階的に避難を住民に呼びかけるようです。

ただ現時点では、域外で住民全員の避難場所を確保するのは困難なので、あくまで住民が自主的に親戚や知人宅などに避難するように促すとのこと。避難方法としては、早めの広域避難を推奨しており、高層マンションなどの上層階に避難すると、長い期間、孤立する可能性もあるとして注意しています。

２５０万人の避難とは、まさに「東京民族大移動」です。しかし、これだけの人数の都民がいっせいに避難する場合、具体的に「どこへ」、「どのような方法」で安全に避難できるのでしょうか。

近隣の千葉県や埼玉県と連携して避難場所を確保するとのことですが、「江東5区の人口の9割以上が住むエリアが水没する」2日前に、２５０万人がそこまで移動できるのでしょうか……自動車、あるいは電車・バスなどの公共輸送機関を使うということですが、風雨が激しくなる中、約２５０万人を乗せた自動車やバスなどが各幹線道路に集中すると大渋滞になり、まったく動けなくなります。

電車なども満員で乗り切れず、車イスで生活する障害者や目の不自由な高齢者、入院中の患者などを含めた２５０万人全員が、本当に無事にたどり着くことができるのでしょうか。

それに、こうした大規模な浸水被害時に、避難民の受入れ先である近隣の県の避難場所では被災していないのでしょうか。

前頁の表は、大規模水害発生の前にする対応として決められていることです。最近の〝スーパー台風〟や異常豪雨などは、避難場所まで被災してしまう記録的な降雨量であり、毎年毎回記録更新する「気象災害」です。避難場所が被災してしまったら、この表も通用しなくなると思うのですが……。

今や、思い切った発想の転換が必要ではないでしょうか。

氾濫する水が地下に流れ込む！

「東京23区研究所」の池田利道所長によると、仮に荒川が決壊したとしたら、北区のＪＲ赤羽駅などは大きな被害を受けるといいます。

しかし、それ以上に東部3区（足立、葛飾、江戸川）は壊滅的な被害に見舞われ、特に海抜ゼロメートル地帯が7割にもおよぶ江戸川区の西半分は、建物の1階部分が完全に水没し、東側を含めて区の全域が水浸しになるため、逃げ場がなくなるとのことです。

同区は、スーパー堤防で守られている荒川西岸の大島小松川公園や、千葉県市川市の国府台台地を避難場所に指定していますが、そこに行くには氾濫している荒川や江戸川を渡らなくてはならず、事実上避難はきわめて困難となり、実際は建物の上層階に逃げるいわゆる「タテ避難」を行なうほかないそうです。

もっとも大きい被害が想定されるのは、足立区の千住です。千住地区のほぼ全域が、5メートル以上の水の底に沈むとされています。そうすると何が起きるのでしょうか。

低いところに流れていく水は地下鉄に流れ込みます。北千住駅には複数の路線が走っていますが、千代田線は完全に地下構造です。いわゆる鉄砲水が押し寄せ、構内は水道管化してしまうでしょう。

東京メトロの入り口をシャッターで封鎖するなどの対策を行なったとしても、非常時にそれが間に合うかどうかは現状ではわからないそうです。

地下鉄を伝って水は都心に流れ込みます。次に起きるのは地下街の水害であり、逃げ場のある地上とは比べものにならないほど恐ろしい状況になります。

マンホールからは水が噴き出し、都心全体が水浸しとなるでしょう。さらに水道インフラが老朽化しているため、2016年に福岡市博多で発生したように、地盤が陥没して地面に大きな穴が開く可能性もあり、そうなると断水が長引くうえ、共同溝が被害を受ければライフラインのダメージはさらに大きくなります。

経済的にもかなりの損失を覚悟しなければならず、工場と住宅が混在している地域では、工場内で扱う薬品などの中に危険なものがあるため、想定外の被害も予想されるようです。

数百万人単位の避難者の受け入れを考えた場合、やはり「現代版ノアの方舟」の建造に向けて、国策として着手すべきではないでしょうか。

250万人の避難先

地球は「水の惑星」なのですから、水の災害は水（海や湖沼）の特性を利用した避難先・避難方法で防ぐべきです。

たとえば、先の東京の破局的災害を想定した場合、霞ケ浦と海を人工運河で直結し、「現代版ノアの方舟」を停泊させて災害に備えておけばいいのです。

霞ケ浦に関しては次頁の写真のように、霞ケ浦から常陸《ひたち》利根川が延びて、外浪逆浦《そとなさかうら》経由で千葉県の銚子港（太平洋）まで大きな河川でつながっていますので、パナマ運河と同様の「閘門《こうもん》式人工運河」の建造も実現できるでしょう。

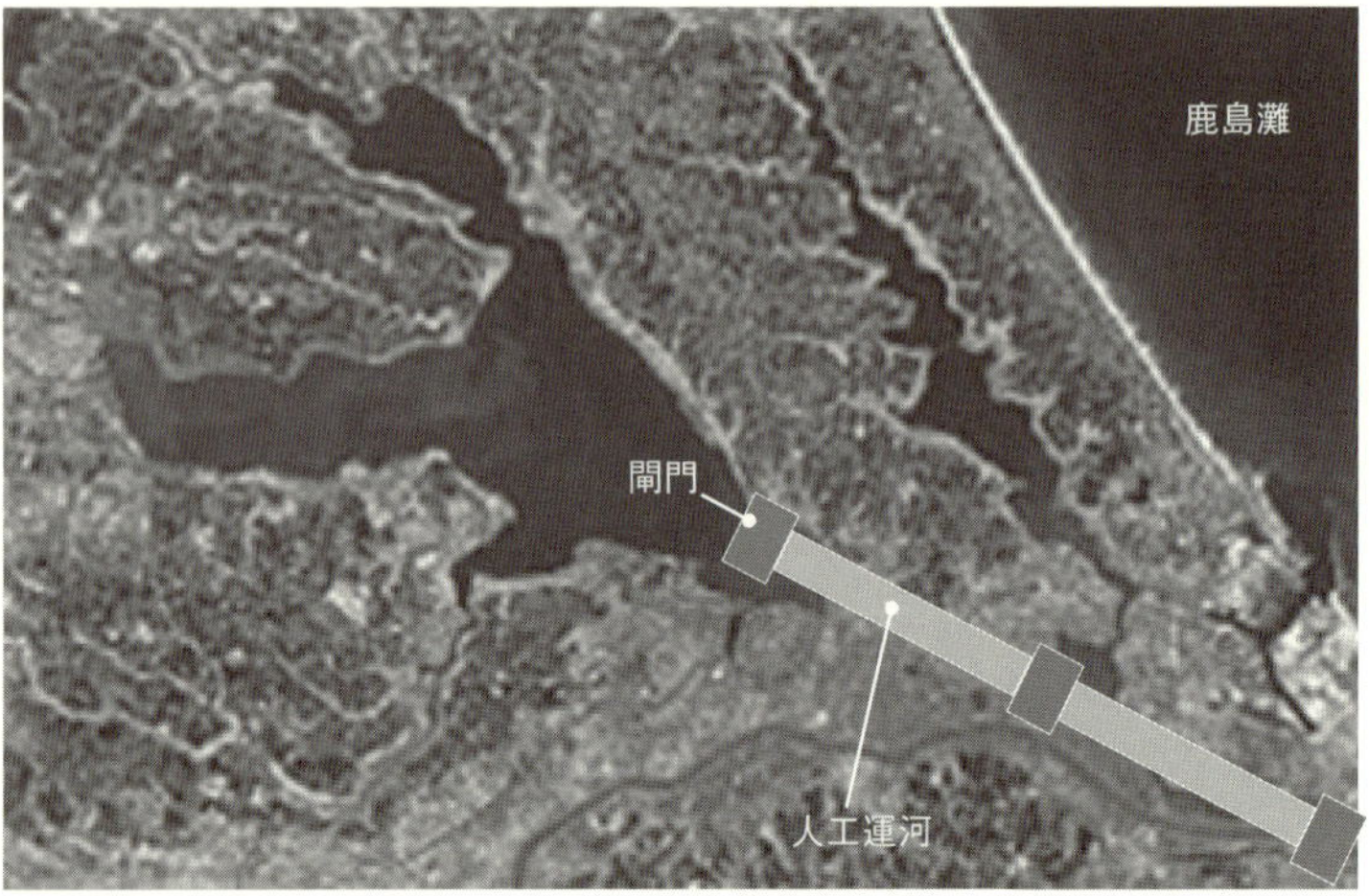

霞ケ浦（写真中央）の改造イメージ

もし、東京都江東5区の大規模水害が予想されたとしたら、その時点で区民は霞ケ浦に停泊している船舶に即時乗船して避難します。

自力で避難できない障害者や老人などに関しては、あらかじめ区役所で個別的に把握しておき、区役所から連絡を受けた自衛隊員が防災用の大型バスに乗車させて、霞ケ浦の船舶まで優先して輸送します。

しかし、約250万人の避難者を収容するとなると、乗客定員3560人のロイヤル・プリンセスに換算すると約710隻が必要となります。霞ケ浦だけでは不可能な数なので、琵琶湖（滋賀県）や浜名湖（静岡県）などにも「現代版ノアの方舟」を停泊させて対応しなければなりません。

陸上避難団地「トレーラーハウス」

それでも、霞ケ浦と浜名湖を合わせて約100隻しか停泊できないでしょうから、残りの避難者については、埼玉県、群馬県、栃木県、千葉県、長野県、山梨県、神奈川県など各県内の公営地を平坦に整備し、陸上避難団地（移動可能なトレーラーハウス）を待機させておいて、そちらに分散して避難させます。

さらに、東日本大震災後に使用した被災地の仮設団地の跡地などを整備して、そこにトレーラーハウスを待機させておけば、大量の避難者を受け入れることが可能です。

トレーラーハウスあるいはトレーラーホームとは、キャンピングトレーラーの体裁をとりながら、特定の場所に定住する目的で設置されるもののことです。

電気や上下水道などを車両内で完結させず、公営企業のサービスを直に受け入れるものも多く、「タイヤがついたプレハブ住宅」と考えるとわかりやすいでしょう。日本では東日本大震災のときに、仮設住宅として用いられたことがあります。

トレーラーハウスは、普通の住宅とほぼ同じ作りのため、住宅に設置できる設備はほとんど取りつけることができます。

キッチン、トイレ、バスルーム、冷蔵庫、エアコン、テレビなど、どれも量販店で売られている製品で問題ないので、特別にオーダーする必要はありません。だいたいは販売されている時点ですでに取りつけられています。

しかし、定住することになれば、電気、ガス、水道などインフラの整備が気になりますが、これらは引き込むことが可能です。

ただし、簡単に取り外し可能な状態にしておくことが必要なため、都市ガスは不可、プ

陸上避難団地（移動可能なトレーラーハウス）のイメージ（宮城県女川駅前のトレーラーハウス・ホテル「エルファロ」の外観と室内）
『ホテル「エルファロ」』ＨＰより

ロパンガスのみ可能です。

　ともかく牽引して公道を走ることができるため、どこにでも移動可能であることが最大のメリットでしょう。被災地の仮設住宅としては最適ではないでしょうか。

　ちなみに、トレーラーハウスの値段はタイプにより異なりますが、平均すると360万円台です。たとえば10万戸が必要だとすると、3600億円になります。

国家的大事業として建造

　さて、巨大船舶「ロイヤル・プリンセス」（155頁の写真）は、総トン数は約14万1000トン、全長330メートル、幅38・4メートル、喫水（水中に入っている深さ）8・5メートル、乗客定員数3560人、乗組員数1346人です。

　船底は「クイーン・エリザベス2世」で10メートルくらいですから、おおむね同じくらいの深さでしょう。

　仮にロイヤル・プリンセスを「現代版ノアの方舟」として改造した場合、停泊させておく湖沼と通過する人工運河の深さは、「パナマックス」を目安にすれば座礁せずに安全でしょう。

パナマックスとは、パナマ運河を通過できる船の最大の大きさのことで、事実上、世界の大洋を制約なく航行できる最大サイズです。そのサイズは以下です。

全長　366メートル
全幅　49メートル
喫水　15・2メートル
深さ　25・9メートル
最大高　57・91メートル

そして霞ケ浦、浜名湖、琵琶湖の水深は以下になります。

霞ケ浦の最大水深　7・1メートル
浜名湖の最大水深　16・6メートル
琵琶湖の最大水深　103・58メートル(平均41・2メートル)

浜名湖（写真中央）の改造イメージ

以上のことから、琵琶湖は人工運河と閘門の水深だけをパナマックスと同じ深さ（25・9メートル）にすれば済みますが、霞ケ浦と浜名湖に関しては、湖と周辺の海をパナマックスの深さにする必要があります。

これには大きな浚渫《しゅんせつ》工事が必要であり、莫大な費用がかかるので、国家的な大事業となります。

浚渫工事とは、水底の土砂を掘り取り、運搬処分する作業のことです。

河川の治水、航路港湾の水深確保、水中構造物や基礎の構築をする際の不用土砂の排除、埋立て用の土砂の採取などを主な目的としています。

霞ケ浦、浜名湖、琵琶湖の各湖沼の浚渫工

事と「現代版ノアの方舟」建造の実現性について、浚渫工事専門の業者である小島組常務取締役の木村道広氏に問い合わせたところ、次のような回答を得ました。

「霞ケ浦に関しては、地形などをよく把握していないためコメントできませんが、浜名湖に関しては実現可能です。ただし、天候の関係で太平洋のうねりが激しいときなどは、工事を中断して浜名湖内に工事用船舶で避難するため、工期が予定よりも長引きます。また、不用土砂の処理問題がネックです。それに莫大な工事費用がかかります」

木村氏によると、工事中に大量に排出される不要土砂の処分先が、いちばん大きな課題になるとのことです。

そこで、不要土砂の処分先について次のように提案してみました。

「浜名湖は、位置的に南海トラフ巨大地震が発生すると大津波の直撃を受けてしまうでしょうから、それを防ぐ目的のインプラント堤防工事に使用する土砂として活用できないでしょうか」

すると木村氏は、

「それも不要土砂の質によります。すぐに水に流されてしまうような土砂では使いものになりませんから」

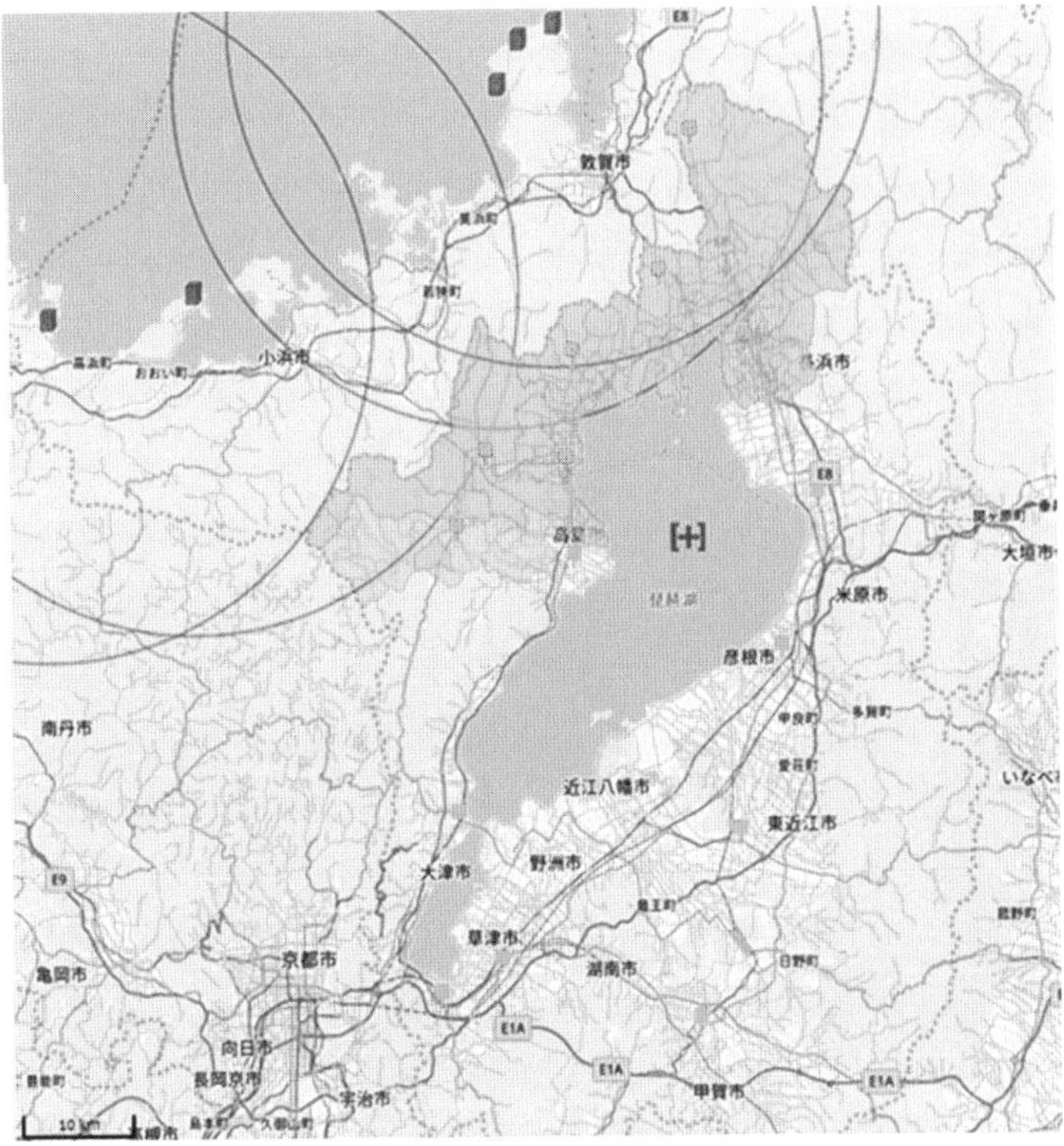

原子力災害リスクマップ（滋賀県防災情報マップ）
滋賀県に隣接する若狭地域には高浜、大飯、美浜、敦賀発電所など多数の原子力施設が設置されている。滋賀県では、2011年度に独自に行なった放射性物質の拡散予測の結果から、長浜市と高島市の一部を含む、原子力施設から最大43キロの地域を「原子力災害対策を重点的に実施すべき地域（ＵＰＺ）：放射能汚染地域」と定めています。

といいます。

私は頭を抱えてしまいました。

浜名湖の最大水深が16・6メートルですから、パナマックスと同じ深さの25・9メートルにするには、10メートル以上も浚渫工事する必要があります。排出される不要土砂の量も半端ではないでしょう。

次に、琵琶湖については平均水深が41・2メートルですから、人工運河の工事だけで済むのではないかと聞いたところ、

「宇治川や淀川の周辺が人口密集市街地域であることや、ライフラインや橋など、そのほかの理由からも(人工運河建設は)無理でしょう」

ときっぱりとした口調で否定されました。

「いや、太平洋側ではなくて、琵琶湖からいちばん近い日本海側の方向へ抜けるようにして、陸地上に人工運河を造ったらどうでしょうか」

と切り返すと、

「それだったら、船舶を琵琶湖で直接つくったほうが安上がりでしょう」

と笑い飛ばされてしまいました。

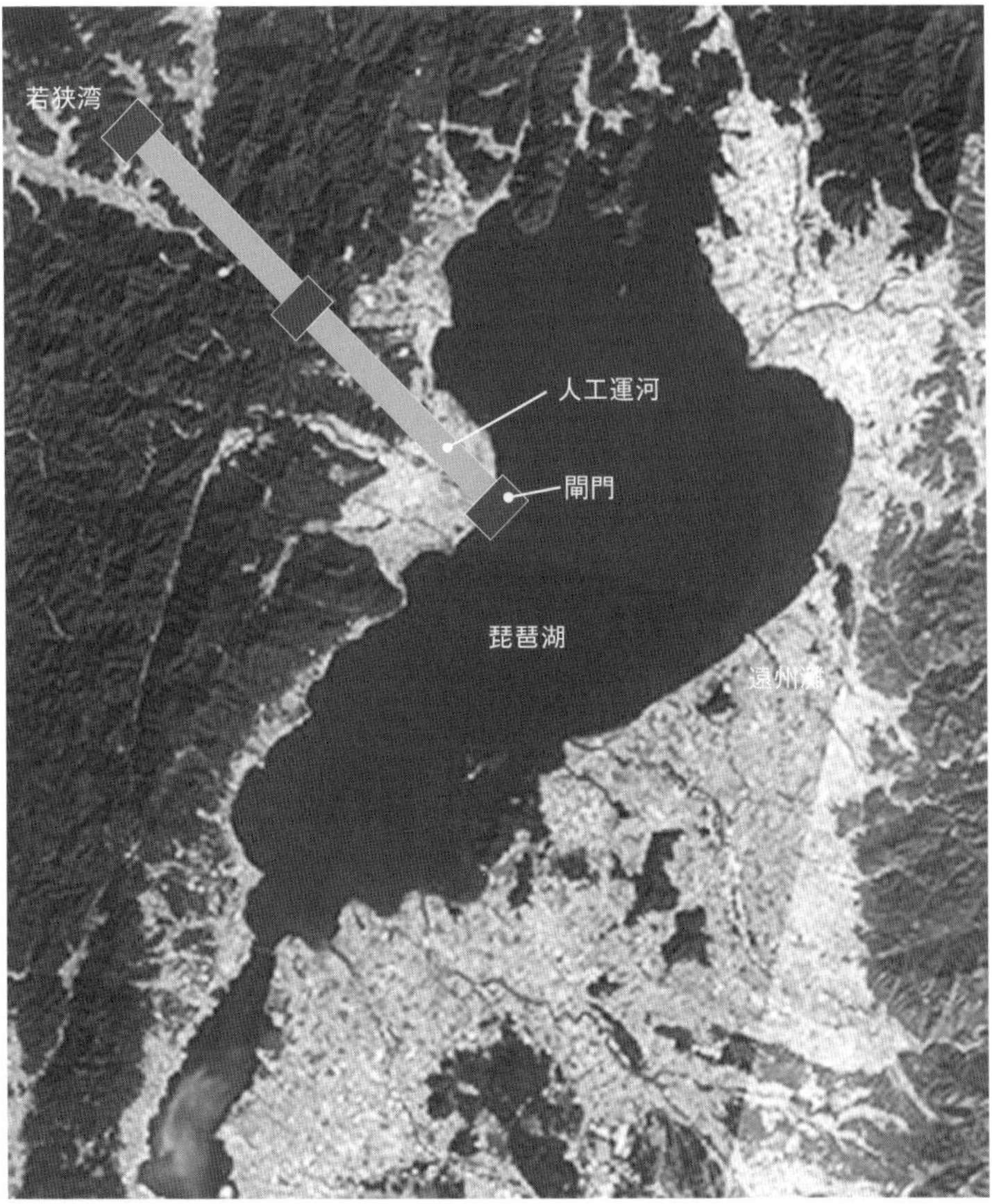

琵琶湖（写真中央）改造イメージ

小島組は本社が愛知県の名古屋にあるだけに、近隣の琵琶湖や周辺の地理的な状況について精通しています。木村氏の説明は合理的です。

琵琶湖は日本では最大の湖ですから、「現代版ノアの方舟」の建造は、たしかに琵琶湖で行なったほうが効率的ですし、経済的にも安上がりです。

実は、そのことは最初に考えていましたが、近隣の原発(大飯原発、高浜原発、美浜原発、敦賀原発など)で事故が発生したときの対応を考慮して、遠くの海洋まで避難するという観点から、琵琶湖にも人工運河は必要だという構想を練ってきたのです。

現段階では木村氏が説明したように、人工運河の実現は経済的にも困難でしょうから一時的に棚上げし、とりあえず破局的災害が逼迫している以上、広大な琵琶湖にはできるだけ多くの「現代版ノアの方舟」を建造しておくべきでしょう。

また近隣に多数の原発があることからも、琵琶湖に停泊させる「現代版ノアの方舟」は、各部屋を核シェルターと同様な構造に仕上げたり、通気孔には放射能防御フィルターを装着する必要もあります。

そして、原発事故発生時の対応を考えると、いずれは人工運河の建設も実現させなくてはならないと思います。

肝心な「不要土砂の処理問題」についての解決策ですが、偶然ある物を目にしたとき、私は思わず膝を叩きました。写真のように、直径・高さが約1メートルの土嚢袋の中に入れて、災害発生時に「防災用土嚢」として活用すればいいのです。

かなりの量の土嚢が製造できるため、全国各地方自治体に無償で提供すれば、今後、豪雨災害や震災などが発生した際に大いに役立つでしょう。

ちなみに浜名湖の浚渫工事費用について、大雑把な金額を木村氏に聞いてみました。

海抜マイナス地域の石巻市住吉町を守る「土嚢」（撮影：河村龍一）

すると、

「かなりの金額ですよ。1000億円ぐらいは見積もったほうがいいでしょう」

との回答でしたので、少々安堵しました。

「現代版ノアの方舟」建造の予算については、国は新たに「防災省」を設置し、国民の生命と安全を守る国策として「現代版ノアの方舟」建造関連予算を計上し、税金で賄えばいいのです。

気になる予算の問題

実際、「現代版ノアの方舟」の建造費用、湖沼改底工事、人工運河工事、閘門建設などを行なうには、とてつもなく莫大な予算が必要となってきます。

巨大船舶ロイヤル・プリンセスの建造費用は約500億円です。水上仮設団地としてはそれほど豪華に仕上げる必要がないため、約300億円と見積もり、日本国内で200隻建造した場合、6兆円の費用が必要です。

そして、全国の海に近い湖沼に停泊させるには、湖沼浚渫工事、人工運河工事費用、閘門建設費用、港湾整備工事の費用が必要になります。

特に浜名湖周辺の海岸は、南海トラフ巨大地震による大津波の直撃が想定されるため、「石巻港東浜海岸防潮堤災害復旧工事」と同様な「インプラント堤防工事」（註5）を実施し、完璧な防災体制を整備しておき、近隣の市町村に居住している住民の命を守る必要があります。

以上、大雑把に見積もると、船舶建造費用（6兆円）と総工費用（約4兆円）を合わせ、約10兆円の予算が見込まれます。

金額だけを見ると、「現代版ノアの方舟」建造構想の実現は絶望的かと諦めてしまいそうですが、153頁に示した数字をもう一度じっくりと見てください。

いかがでしょうか。首都直下型大地震と南海トラフ巨大地震発生時の経済的損失額の数字に比べたら、「現代版ノアの方舟」建造費用など安いものではないでしょうか。

しかも、帰宅困難者が約800万人（首都直下型大地震）、避難所生活者数が約210万人～430万人(南海トラフ巨大地震）というのですから、よく考えてみてほしいのです。

「現代版ノアの方舟」建造構想の利点を整理してみましょう。

1　浚渫工事した湖沼に停泊しているため、台風や津波などの影響を受けない。

2　近隣に建設されている原発事故が発生しても、人口運河を利用して安全な海洋まで移動（避難）できる。

3　地上の避難施設と違って、1隻で約3600人、10隻で約3万6000人、200隻で約72万人の避難者を受け入れられる。補助的に地上の移動式避難施設「トレーラーハウス」（1台で4～5人居住可能）を購入しておけば、より多くの避難者を受け入れられる。

4　船舶の各部屋は冷暖房完備のホテル形式に仕上げてあるので、「約4000人が居住する町」として機能する。どこにでも移動できるトレーラーハウスも海上避難施設と同様の機能が発揮でき、10台で40～50人、10万台で40～50万人の避難者を受け入れることができる。

現代は、破局的災害がいつ発生してもおかしくない状況ですから、一カ所に固定した避難施設を建設することでは、これからの時代には適応できないのです。

2018～2019年は異常豪雨災害や震災などにより、「記録更新」という言葉が繰り返されました。

これまでの常識が通用しないのですから、防災対策でも思いきった発想の転換をするべきです。国の無策が記録更新される限り、災害の規模も記録更新されるばかりです。

今こそ、国民の生命と安全を守る国策に予算を投入すべきではないでしょうか。

「成功率ゼロ」の地震予知関連予算に年間数千億円を投入していることを考えれば、前述の防災費用は決して高いとは思えません。

それでも予算がないというのであれば、次の数字を見てください。

東日本大震災復興予算総額は26兆円のうち、その一部を流用した事例です。

被災地復興に使われない復興予算（火事場泥棒的予算）

総務省
8億円　「風評被害払拭」というお題目でNHKへ流れる

法務省
3000万円　刑務所内での職業訓練事業

公安調査庁
2800万円　調査活動用の乗用車を14台購入

外務省
72億4700万円　アジア大洋州地域、北米地域との青少年交流

財務省（国税庁）

12億円＋6億円＋3億円　国税庁関連施設の耐震化

厚生労働省

約1000億円　震災等緊急雇用対応事業（被災地外の分）

農林水産省

約1400億円　森林整備加速化・林業再生基金

………まだまだありますが、キリがないのでこれくらいにしておきます。詳しく知りたい方は国に直接問い合わせてください。

東日本大震災でもっとも被害の大きい石巻市の復興予算は、たったの1兆2000億円です。

しかも石巻市復興施策課では、2020年度で復興予算は打ち切られると説明していました。石巻市がほかの被災地に比べて、なぜ復興が遅いのか、これで納得しました。

被災地への予算配分打ち切り後、いまだに眠っている多額の復興予算はどこに行くのでしょうか。

今後も、多額の東日本大震災復興予算を「火事場泥棒的予算」に流用するくらいなら、「現代版ノアの方舟」建造構想に投入すべきです。

二　すべてを解決する「宇宙エレベーター」の建造

「そうですか。すごく明るい夢のあるお話ですね。30年後の人類は間違いなく実現させているでしょう。今から50年前の時代には、パソコンやスマホが発明されて一般に普及して、誰もが簡単に使えるなんてことは、誰も想像していなかった。だから、あなたのいうように、２０５０年ころには宇宙エレベーターだってきっと実現されていると思います。

人類の科学は予想以上に早く発達してきましたから、お話のとおり原発も核のゴミ問題も解決するかもしれませんね。何だか明るい展望が見えてきたような気がします。太陽光発電システムが宇宙空間に建造できれば、もうエネルギー問題で悩む必要もなくなるでしょう。今の若い世代の人は優秀ですから大丈夫です。彼らにまかせれば、必ずあなたのお話も成し遂げてくれるでしょう。原発なんてものは、なくても済めば、それにこしたことはありませんから」

A氏は目を輝かせて、穏和な口調で応えてくれました。A氏は東北電力グループ会社の女川文社長で、60歳前後の男性の乗客でした。

私はときどき、タクシードライバーとして女川原発に潜入取材をすることがあります。2017年10月下旬、石巻市内から女川原発までA氏を送る途中、車内で私の名刺をわたして素性を明かし、「宇宙エレベーター」と高濃度の放射性核廃棄物の処理問題について取材したところ、A氏はご自身の立場にもかかわらず、予想に反して誠意ある見解を述べてくれたのです。

「宇宙エレベーター」について簡単に述べてみます。

人類が「原発事故」あるいは「核戦争」などによって滅亡することもなく、50年の時が経過したとしたら、私たちの文明社会はどのように進化しているのでしょうか。

私は、次世代は間違いなく「宇宙時代」に突入していると断言できます。また、人類が危機的状況から脱するためには、「宇宙時代」が必要なのです。

大きく分けて三つの理由があります。

1　放射性核廃棄物の処分先

2　原子力に代わる新たなクリーンエネルギーの入手先

3　人類の移住先

今後、人類が未来永劫存続するためには、これらの3点を実現させなければなりません。

これまで述べてきたように、隕石の落下（小惑星との衝突）、太陽の異常活動による地磁気の消失など、宇宙的スケールの大規模災害、または地球規模の破局的災害によって、人類は遅かれ早かれ宇宙に進出しなければ、必ず滅亡する運命をたどるでしょう。

２０１８年3月に亡くなった「車椅子の天才物理学者」スティーヴン・ホーキング博士は、亡くなる直前まで執筆していた遺稿『ビッグ・クエスチョン―「人類の難問」に答えよう』（ＮＨＫ出版／２０１９年）でこう述べています。

「人類のサバイバルの鍵を握るのは、われわれが宇宙のどこかに新しい居住地を見つけられるかどうかにかかっています。なぜなら、大規模災害が地球を滅ぼすリスクが高まっているからです。だから私は、宇宙開発の重要性についてみなさんの意識を高めたいと思っているのです」

「100年以内に人類が滅亡する」と警告していたホーキング博士は、それを回避するため、「人類の他惑星への移住が必要不可欠だ」と以前から述べてきました。

たしかに、何もせず、傍観したまま地球が滅亡するのを待っているわけにはいきません。

しかし、どのような方法で宇宙に進出すればよいのでしょうか。

成功率90％（墜落率10％）のロケットの使用は論外です。たとえ一度でも、「高濃度の放射性核廃棄物」を積載したロケットが墜落したら、地上は広範囲にわたる放射能まみれの大惨事となり、人類滅亡を早める結果になってしまいます。

そこで、ロケットに代わる大気圏脱出のための新たな輸送システムを紹介しましょう。

もちろん墜落率は0％です。

それはズバリ、「宇宙エレベーター」です。

そんなものはSFの世界の話だろうと、一笑に付されるかもしれません。しかしSFの話ではありません。大手ゼネコンの大林組では、2050年の完成を想定して建設構想を発表しています。

今すぐどうするという話ではありません。50年先の未来を見据えているのです。

放射性廃棄物の画期的な処分方法

大林組が発表した「宇宙エレベーター建設構想」とは、地球と宇宙空間を約9万6000キロのケーブルでつなぎ（地球から月までの距離の4分の1に相当）、人や物資を輸送するエレベーターのことで、墜落率が約10％といわれるロケットに代わる未来の宇宙輸送・交通システムです。

構造はきわめてシンプルです。地球の上空3万6000キロにある「静止軌道ステーション」と、地球の海上（赤道付近）に位置する「アースポート」（188頁参照）をケーブルでつなぎ、このケーブルをクライマーが昇り降りして、人や物資を輸送するのです。

ただ、ケーブルが重力によって自分の重みで地球に落下しないように、地球とは反対側にもケーブルを約6万キロ伸ばしてバランスをとります。

「墜落率がゼロ」の「宇宙エレベーター」のメリットは、大きく分けて二つあります。

一つは、ターミナル駅やケーブルが静止衛星と同じように地球を周回しているので、その遠心力を利用すれば、あらゆるタイプのロケットがハンマー投げのようにして、地球の重力圏を飛び出せる速度が得られることです。

そうなれば月ばかりでなく、火星や木星などの太陽系の惑星探査ロケットや、有人宇宙船も簡単に低コストで飛ばすことができます。

駅やケーブルの建設費用として約10兆円かかるそうですが、宇宙に物資を輸送するコストは、最終的には1キログラムあたり数万円の費用で済むと推定されています。

仮に「宇宙エレベーター」を利用して、現在日本に保管されている1万7000トンの核燃料廃棄物すべてを宇宙空間に運び出すとすれば、その費用を単純計算すると約8500〜9000億円になります。

原発を稼働すれば、きわめて危険な高濃度の放射性核廃棄物が産出されます。その処分方法は、現段階では地層埋蔵処分という自殺的な行為に頼るしかないのです。いわば「ト

イレのないマンション」のようなものです。「トイレ
ターミナル駅から核廃棄物を積んだロケットを太陽に向けて随時発射すれば、「トイレ
のないマンション」の問題は一気に解消します。
　二つめの利点は、「宇宙エレベーター」は必要な資材の運搬などにも利用できるので、宇
宙太陽光発電所の建設が実現可能となり、無尽蔵の太陽エネルギーを地球にもたらすこと
です。もはや原発は必要がなくなるのです。
　宇宙空間では、ソーラーパネルももっと広い面積で展開できることから、「宇宙エレベー
ター」を複数建設すれば、太陽から大量の電力を永久的に調達することが可能となり、太
陽発電衛星による「次世代のクリーンエネルギー」として活躍することが予想されます。
　アメリカや日本では、宇宙空間にメガソーラーを置く「宇宙太陽光発電」によって、地
上よりも20倍以上の効率で発電し、エネルギーをマイクロ波で送電しようというアイデア
も出ています。
　これで人類のエネルギー問題も解決できるのではないでしょうか。
　大林組が発表した「宇宙エレベーター建設構想」では、30人乗りの「乗り物」（クライ
マー）で運搬するとされています。

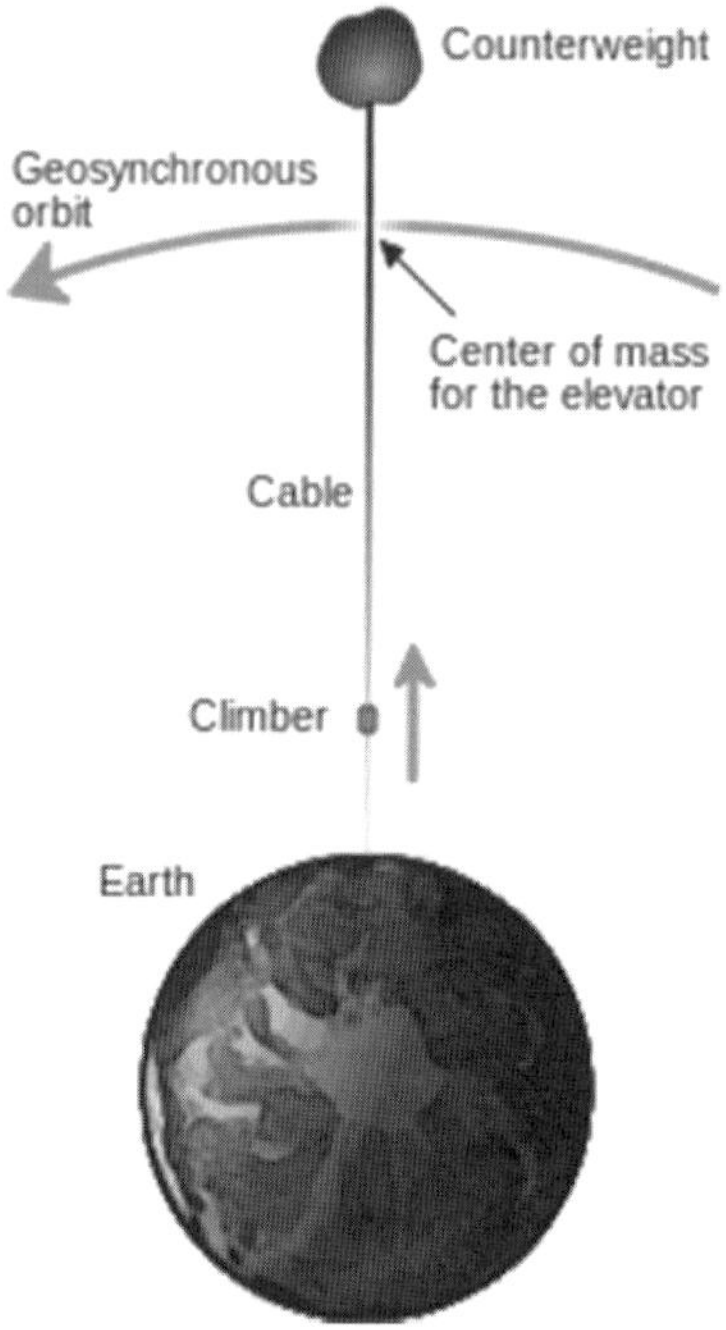

「宇宙エレベーター」の概念図

「宇宙エレベーター」の基部の想像図
（地上側の発着拠点「アースポート」）

そうなれば宇宙技術の進展にともない、火星などへの有人旅行や移住計画などの実現に向けて一歩近づけるでしょう。

いかにもSF的な存在の「宇宙エレベーター」ですが、「カーボンナノチューブ」（註6）の発見により、実現可能な宇宙空間への輸送手段として開発されるようになりました。カーボンナノチューブは、鉄よりも軽くて強いケーブルの材料です。

大林組の構想では、「宇宙エレベーター」のケーブルの施工には約20年かかると試算されています。

宇宙への安価なアクセスは、月や火星、そのほか太陽系外、恒星間宇宙に人類が進出することを可能にします。

おそらく50年後の未来では、宇宙旅行も実現されているでしょう。そして、「宇宙エレベーター」や太陽光発電システムなどが大いに活躍しているはずです。

原発のある全国の市町村に「宇宙港」を設置

女川原子力発電所の再稼働によって産出される「高濃度の放射性核廃棄物」については、核廃棄物を輸送する拠点として、女川町に「宇宙港中継基地」を建設することを提案します。

女川発電所で産出された核廃棄物を宇宙港中継基地に集め、専用のタンカーで「宇宙エレベーター」が建設されている「宇宙港」（アースポート）まで輸送するという構想は、今後の日本の原子力エネルギー問題に大きく貢献することにつながるでしょう。

さらに核廃棄物のみならず、太陽系内外の宇宙空間へ人間や物資を輸送するための中継施設としても活用したらどうでしょうか。

本書では、宇宙港中継基地のモデルとして女川町について記述していますが、これは原発が建設されている全国各地の市町村にも当てはまることなのです。

「宇宙エレベーター」が建設されている場所（アースポート）は、地球上で自転による遠心力のもっとも強い場所（赤道付近の海洋上）が適しているため、領有権やテロの問題が浮上します。世界各国が協調し、万全の体制で計画的に建設を進める必要があるでしょう。

「宇宙エレベーター」が本格的に実用化され、人類が宇宙に進出できる時代が到来すれば、原発のある女川町などの市町村が宇宙港中継基地として、その機能を十分発揮することができます。

同時に、女川町の万石浦に近未来型水上仮設団地（現代版ノアの方舟）を建造し、21世紀特有の豪雨災害を克服したとすれば、国際社会からもさらに評価されることになるでしょう。

近未来型宇宙港のイメージ
（名古屋水族館／太陽工業）

今ある「放射性核廃棄物」の処分先

ところで、「宇宙エレベーター」が実用化されるまでは、原発から産出される核廃棄物をどこに保管するかという現実的な問題を解決する必要がありますが、とりあえず日本の「無人島」はどうでしょうか。

具体的には軍艦島や硫黄島などですが、個人的には竹島か尖閣諸島、北方４島でもいいのではないかと思います。

領土問題は棚上げにしておき、韓国や中国、ロシアなどと共同で核廃棄物の保管施設を建設し、活用するのです。

アメリカやフランスなどの世界の原発保有国とも連携し、ＩＡＥＡの主導のもと、それらの島を利用できるように強く働きかけてはいかがでしょうか。この案が実現すれば、領土問題などでもめることもなくなるでしょう。

いずれにしろ、日本国の外交力しだいでは実現できることだと思います。むしろ、危険極まりない放射性核廃棄物の処分先問題は、各地方自治体に候補地を探すよりも、無人島のような場所に決めたほうが早く決着するでしょう。

そして「宇宙エレベーター」が実用化されたら、太陽に廃棄すればいいのです。

私はこうした一連のプロジェクトが、国際協調の契機になるのではないかと期待しています。

実際、「高濃度放射性核廃棄物」の処分先や原発の再稼働については、これは日本だけの問題ではなく、人類全体の存亡にかかわってくる地球規模の問題といっても過言ではありません。

先にも述べたように、「宇宙エレベーター」のプロジェクトを実現するには約10兆円かかります。

しかし最終的には、1キロあたり約数万円で高濃度の放射性核廃棄物のほか、あらゆる種類の物資を宇宙空間に搬出できるのです。

しかも、太陽光発電システムの資材も宇宙空間へ輸送できるため、宇宙空間にメガソーラーを置く「宇宙太陽光発電」を建設することができ、エネルギーをマイクロ波で地球上に送電すれば、エネルギー問題も解消し、地球上に争いのない平和な未来が訪れるのではないでしょうか。

大林組にはぜひ、この壮大なプロジェクトの実用化を成し遂げてもらいたいと思います。

「宇宙エレベーター」の課題

「宇宙エレベーター」は地球だけではなく、月や火星にも建設できます。惑星や衛星の自転とともに回転する「宇宙エレベーター」から宇宙船を放てば、遠心力が作用し、ハンマー投げと同じ原理で遠くの宇宙空間まで飛ばすことができます。

この「宇宙版ハンマー投げ」を利用すれば、ロケットを使用せずとも、月と火星間などで物資の飛ばし合いが可能になり、やがていくつもの惑星の何十もの衛星、無数の小惑星に「宇宙エレベーター」を建設することで、太陽系全体におよぶ「大物流網」が出現することになるでしょう。

また、ケーブルを伝って宇宙に行けるので、燃料を搭載する必要がなく、爆発や空中分解、墜落の危険性もありません。オゾン層を破壊することもなく、環境保全にも配慮した輸送システムとなります。

「宇宙エレベーター」の研究者の青木義男氏によると、「宇宙エレベーター」の開発にともなって、カーボンナノチューブの強いケーブルができるため、今よりも吊り橋が長くなったり、建物が高くなるなど、ほかの構造物の可能性も広がります。

しかし一方では、「宇宙エレベーター」の実現化には、次のようないくつかの〝課題〟もあります。

1　ケーブル（カーボンナノチューブ）の量産化が困難

人類にとっては、宇宙進出のカギとなる夢のような「宇宙エレベーター」建設計画ですが、ケーブルとして使用する9万6000キロメートルという長大な「カーボンナノチューブ」（以下CNT）の材料を製造はすることは、現時点では非常に困難なようです。

2018年8月下旬、大林組と日本宇宙エレベーター協会に電話して、CNTの進展状況についてそれぞれの担当者に確認したところ、その問題がいちばんのネックであるということでした。

日本宇宙エレベーター協会の担当者などは、簡単には説明できないとの歯切れのわるい回答でした。

そこで、2017年に「長尺カーボンナノチューブ」（註7）を実現・商品化している「太陽日酸」に問い合わせてみました。

「御社では、長尺カーボンナノチューブを製造しているということですが、宇宙エレベーターのケーブルに使用する全長9万6000キロというCNTの製造については、実際のところはどうなんでしょうか。そもそも、継ぎ目のないCNTの製造は不可能でしょうし、たとえ製造できたとしても、そんな大重量（約20トン）のCNTをロケットでは宇宙空間まで運べないでしょう？」

私がそう質問すると、

「はい、そのとおりです……」

と担当者はあっさりと認めてしまったのです。そこで、

「無理に地球上でCNTを製造しなくてもいいのではないですか。無重力の宇宙空間で製造するとか、あるいは先般、月面探査機『かぐや』が、月の地下に全長約50キロメートルの空洞があることを発見しましたが、空洞は有害な宇宙線からの被爆や隕石の落下から人間を守ってくれるので、ちょうどいいですね。

将来的に有人月面探査旅行が実現したとして、その空洞を利用して基地や工場などを建設し、そこでCNTを製造して、地球上空の静止軌道の宇宙空間に運搬するほうがいいのではないでしょうか。月の重力は地球の6分の1ですから、地球上で製造して運搬するよ

りも実現は可能だと思います。またＣＮＴの耐久性ですが、宇宙空間や月面上などの過酷な環境下でも影響はないのでしょうか？」

と続けて質問したところ、

「おっしゃることはよく理解できます。しかし、私個人がそれらの質問について電話でお答えすることはできません。会社のホームページから問い合わせてください」

とかわされてしまいました。

ちなみに、宇宙空間におけるＣＮＴの耐久性は、２０１５年に大林組が国際宇宙ステーションですでに実験済みです。

大林組は、ＣＮＴの現状について詳しく教えてくれるなど非常に積極的な対応でした。結論としては、ＣＮＴ製造の進展状況は「牛歩」といったところでしょうか。

そのほか、次のような課題があります。

２　太陽からの電磁波や放射線、熱による影響

３　隕石やスペースデブリ（人工衛星などの宇宙ゴミ）によるテザー（軌道ステーション）の損傷

4　落雷、ハリケーン、雹、ジェット気流などの影響
5　航空機による事故やテロ対策

2〜5の課題は「宇宙エレベーター」に特有のものではなく、すでにこれまでの宇宙開発でも取り上げられているものです。

いずれも科学技術の発達によって解決できる課題であり、3と5などは国際社会が協調して、最新鋭の「ミサイル防衛迎撃システム」を多数導入し、隕石やデブリなどを発見ししだい撃ち落とせばよいことです。

テロリストの対策としても、「宇宙エレベーター」を中心に半径300キロ圏内の陸・海・空すべてを立入禁止区域に指定し、違反した場合は即、迎撃すると決めてしまえば防げるでしょう。

高濃度の放射性核廃棄物などを運搬するのですから、人類の存亡に直接かかわってくるため、それくらいの厳重な防御態勢は必要でしょう。

朗報！「カーボンナノベルト」の合成に成功！

2018年4月14日、名古屋大学の研究グループは、6個の炭素原子がつながった正六角形の構造をベルト状にした「カーボンナノベルト」（以下CNB）の合成に、世界で初めて成功したと発表しました。

この技術を応用すれば、CNTを自由なサイズで生成できる可能性があるというのです。「宇宙エレベーター」の実現にまた一歩近づきました。

CNBは、CNTよりも安定した量産化が期待される素材であり、「宇宙エレベーター」のケーブルにも利用できるそうです。

CNBは、約60年前に初めて存在が提唱された物質です。炭素原子の正六角形構造（ベンゼン環）が筒状に曲がってつながっているのですが、ベンゼン環は平面構造がもっとも安定するため、筒状だと大きなひずみが生じて合成が難しく、「夢の筒状炭素分子」といわれていました。

研究グループは、ベンゼン環に臭素が結合したパーツを複数作り、それぞれ組み合わせた後、臭素を炭素に置き換えることでCNBの合成に成功したといいます。CNBにさらに炭素を結合させていくと、筒状の素材CNTも生成できるそうです。

CNTは軽い上に鉄の約20倍の強度があり、次世代材料として期待されています。これまでは製造過程に偶発的な要素があり、太さがバラバラになるなど、同じ直径と構造のCNTをまとめて製造することは難しかったのですが、CNBを使えば、特定のサイズのCNTを自由に作れる可能性があるのです。

CNBはCNTを輪切りにしたような形状をしていますが、この輪切りにした形状をつなげることで、安定した形状のCNTを作ることができるようになったのです。

そして、このCNBの製造が順調に進んだ場合、大林組の構想によれば、ケーブルの施工には約20年の年月が必要だそうです。

具体的には、次のような作業になります。

まず幅48ミリ（静止軌道部）、厚さ0・004ミリ、長さ9万6000キロのケーブルを地上からロケットで静止軌道まで運びますが、ケーブルの重さだけでも総重量が約20トンになるので、数十回ロケットを打ち上げることになります。

そして、地球方向と反対方向にケーブルを伸ばしながら、地表に到達するまでに240日かかります。

次に、一度伸ばしたケーブルに何度もクライマー（昇降機）を往復させて、少しずつケーブルを太くし、最終的には約20年かけて厚さを1・38ミリまで増やします。

ここまでケーブルを厚くすることで、重さ100トンのクライマーが昇降できるようになります。

今までの技術では、9万6000キロのCNTのケーブルを作るのに、たったの3センチの長さしかつくれませんでした。

ところが今回、CNBの発見となり、長さ9万6000キロのCNTの製造も現実味を帯びてきたのです。今後も人類の科学技術の進歩に期待したいと思います。

先の乗客も指摘したように、50年前の時代にはパソコンやスマホ、タブレットなど携帯端末の実現を誰も予想していなかったわけですが、現在では子どもたちが普通に使いこなしている状況です。

「宇宙エレベーター」もそれと同様にとらえるべきでしょう。ケーブルの製造その他、課題が山積しているからといって、「宇宙エレベーター」の建設自体をあきらめるのは早すぎます。

国連の予測によると、地球は100億人の規模までは何とか「地球の土地」で食糧などを確保できるといいます。

しかし、2100年には世界人口が112億人に達し、地球だけで全人類を養っていくことはできなくなるというのです。

そうなれば、人類が向かうべき未来の選択肢は二つしかありません。「滅亡」か「繁栄」(宇宙進出)かです。

それを決めるのは私たち人類です。

まさに最低50年というスパンで、「宇宙エレベーター」の実用化を目指すことが「繁栄」という選択肢です。

次世代の科学者たちに人類の未来を託そうではありませんか。

〝別仕様〟の「宇宙エレベーター」

いずれにしろ、「宇宙エレベーター」のケーブルに使用する「CNT／CNB」の実用化には、まだまだ時間がかかるようです。

9万6000キロメートルという長大なケーブルがネックなのですが、それほど長大なケーブルを必要としない「複合型宇宙エレベーター」の建設構想について述べてみます。

「Clouds Architecture Office」が進める仮想プロジェクトからヒントを得た画期的な宇宙進出方法ですが、まずは同プロジェクトの「宇宙から地上」に向けて吊り下げる高層建築物から紹介します。

次頁の画像を見ると、高層ビルが空中に浮かんでいます。「Clouds Architecture Office」の構想では、この高層建築物は「Analemma Tower（アナレンマ・タワー）」と呼ばれ、全長は3万2000メートルあり、地球上空の軌道に小惑星を配置させ、小惑星上でビルを建設し、地球まで吊り下げるという設計になっています。

地上に場所をとらないため、タワーはどこにでも建てることができ、さらに軌道に乗って北半球と南半球の間を毎日移動することができるそうです。

そして、移動するタワーは超強度ケーブルを介して地上のビルと接続可能であり、また移動中でも、「ニューヨークでは速度がもっとも遅くなるように設定する」など、軌道をコントロールすることもシミュレーションしているとのことです。

しかし、そのような小惑星をどうやって持ってくるのかという疑問が浮かぶでしょうが、NASAには「小惑星再配置」の計画があり、「アナレンマ・タワー」の構想もNASAからインスパイアされたものだそうです。

この構想に携わる関係者によると、タワーのエレベーターは最先端の「リニアエレベーター」を導入する予定であり、多くの人がタワーと地表の間を行き来できる「大型旅客ドローン」も計画しているとのこと。

そのリニアエレベーターもすでに実用化されているので、日刊工業新聞（2018年10月17日付）の記事より、一部引用・要約します。

ドイツ・ティッセンクルップが開発した「マルティ（MULTI）」というケーブルなし

（上）Analemma Tower
（下）軌道上に再配置されて高層ビルを吊り下げている小惑星のイメージ
『TABI LABO』2017年４月25日付より

のエレベーターは、リニアモーターを使ってビルの中を上下だけでなく、左右にも移動できる「次世代エレベーター」として近く登場するそうです。

２０１７年6月22日、オランダを本拠地とする欧州有数の不動産デベロッパー「ＯＶＧリアルエステート」が、ベルリンに建設する高層ビル「イーストサイドタワー・ベルリン」に初導入すると発表したのです。

新型エレベーターにはキャビンを吊るすケーブルがなく、壁に取りつけられたガイドに沿ってリニアモーターで動き、しかも縦方向だけでなく、直交する形で横方向にもガイドつきのシャフトが伸びており、上下左右自在に移動できる機能を持っています。

ビル内に複数、路線バスの巡回ルートのように多数のシャフトが縦横に設置され、同じシャフト内を複数のキャビンが同時に動きます。

エレベーターに乗る人が行きたい階の場所を指定すると、ソフトウエアがほかのキャビンの混雑状況を勘案しながら、最短移動ルートを計算して乗せて行ってくれるのが特徴。パワーの効率も、従来のエレベーターよりはるかにいいそうです。

通常、エレベーターはカーゴがカウンターバランサーとロープで結びつけられており、エレベーター機械室でモーターを回転させてカーゴを上下させています。

このロープには鉄線が使われているため、建物が高くなるほどロープの耐久性が問題になってきます。超高層ビルではこの鉄線自体が重たくなるので、カーゴを支えるどころか、自分の重さでロープが切れる恐れがあります。

そこで考え出されたのがロープレスエレベーターというわけです。この駆動にリニアモーターが採用され、横浜のランドマークタワーもリニアエレベーターです。

「宇宙から地上」に向けて吊り下げる高層建築物「アナレンマ・タワー」とリニアエレベーターを紹介しましたが、この二つの建造構想を合わせれば、人類の宇宙進出が早期に実現できる可能性が出てきたのです。もちろん、宇宙空間への物資の輸送もできます。

写真(下)のように、地球上空の小惑星から吊り下げられている高層ビルと、その高層ビルと地上のビルまで、人や物資を輸送するリニアエレベーターを建設すればいいのです。そうすれば9万6000キロメー

（上）リニアモーターに人が乗るカゴがつき、軸方向に移動
（下）高層ビル内のリニアエレベーターの軌道イメージ
『kenmochi.tomohisa』2017年６月26日付より

トルという長大なケーブル（CNT／CNB）を作る必要はありません。

また、「アナレンマ・タワー」と地上のビル間の輸送手段として、当面は「大型旅客ドローン」を利用すれば、小惑星から高層ビルを吊り下げているワイヤーの材料だけがカーボンナノチューブ（ナノベルト）で済むわけですから、人類の安全な宇宙空間への進出が早期に実現できるでしょう。

おそらく将来は人類の宇宙進出手段として、このような「複合型宇宙エレベーター」と「宇宙港」（アースポート）の建造構想に近いものが実現化されるのではないでしょうか。

三　火星移住計画（パラテラフォーミング計画）

地球上には約1万5680発の核兵器が存在していますが、地球を10数回も破壊できる量です。

万が一、核戦争が勃発したら、人類は必ず滅亡してしまいます。

また、核戦争が回避され、「宇宙エレベーター」が実現化されて人類の宇宙進出が本格的になるころには、現状から推測すると地球温暖化現象や人口増加にともなう食糧不足の問題、資源枯渇問題などが深刻化していることでしょう。

さらに、地球規模の地殻変動による巨大地震の頻発や、それにともなう原発事故、「60年に一度」の隕石の落下、人類の大半を絶滅させてしまう「恐怖の大王(小惑星ベンヌ)」の衝突の脅威も差し迫っています。

「備えあれば憂いなし」のことわざどおり、人類がいつでも移住できるように、地球外の惑星を避難先として改造しておくことが必要です。

そこで、現段階における「火星移住計画」について述べてみます。

「水」と「空気」と「重力」がある惑星

そもそも数ある惑星の中で、どうして火星を目指すのでしょうか。それは居住できる可能性が高いからです。

火星居住への取り組みは早くから行なわれており、1998年には「火星協会」が設立されています。

これは、火星の研究や有人火星飛行に向けた提言を行なっているロバート・ズブリン氏が設立した団体で、日本を含む世界50カ国以上の会員が、有人火星探査の実現に向けて研究開発を推し進めています。

NASAと共同し、アメリカ・ユタ州の砂漠、カナダのデボン島、アイスランドなど、火星に似た環境で火星居住のための研究が行なわれています。

火星は、太陽系の中ではいちばん地球に環境が似ているといわれる惑星です。薄い大気があり、重力も地球の3分の1で月よりは地球に近く、どうにかすれば人類が住めるのではないかと考えられるわけです。

また、火星にはかなり強い風が吹いています。火星における輸送手段として、翼があってグライダーのように飛ぶものが研究・開発されているのはそのためです。

そして、生命の維持に欠かせないものの一つは水です。

ハビタブルゾーン内(水が液体状で存在できる宇宙空間＝生命居住可能領域)に位置する地球型岩石惑星上に水が存在すれば、人類の移住計画にも可能性が出てきます。

2018年7月25日、イタリア国立宇宙物理学研究所などの研究チームが、火星の南極にある氷の層の1・5キロメートル下に、幅20キロメートルの液体の水でできた湖を見つけたと発表しました。人類が火星に移住できる可能性が高くなったのです。

火星で液体の水が確認されたのは初めてのことです。深さははっきりしないけれども、最低1メートルはあると推測しているそうです。

仮に直径20キロメートルの円形で深さ1メートルとすると、水の量は東京ドームの250杯分になるといいますから、かなりの量の水が存在していることになります。

おそらく、実際に人類が火星に行って探査すれば、もっと大量の液体の水が発見されるでしょう。

というのも、古代の火星の地表には海が存在していた痕跡がNASAによって確認されているからです。

それらの一部の水が、火星の地下にまだ氷の状態か、あるいは液体の状態で残っていることが十分予想されます。

今回の発見で、少なくとも人類の火星移住計画の重要課題である「水」の問題は解決されたといっていいでしょう。

イーロン・マスク氏の「火星移住計画」

現在、火星への取り組みを進めている民間企業でもっとも注目されているのは、イーロン・マスク氏の「スペースX」です。

マスク氏は、宇宙開発に参入した当初から火星移住のビジョンを持っていました。2002年に会社を設立していますが、そのときすでに「人類が火星に居住する」という目標があったようです。

彼は、「アポロの月面着陸ミッションが成功してから、なぜまだ人類は火星に行っていないのかと考えている自分がいました」と発言し、ずっと火星のことを考えていたと明かしています。

スペースXでは宇宙船「ドラゴン」の開発を行なっていますが、火星を目指す宇宙船は「レッドドラゴン」という名称で開発が進められており、まずは火星への無人着陸を成功させるという目標を掲げています。

レッドドラゴンは火星だけではなく、太陽系のどの惑星にも離着陸できる設計になっており、このプロジェクトにはすでに300億円以上が投じられているといわれています。

以前、マスク氏は火星居住について、びっくりするようなことを発表しました。火星の極地で大きな核爆発を起こし、大気の状況を変える「テラフォーミング」によって、火星を第2の地球にできるというのです。

そして2016年9月、マスク氏は火星に居住地を建設する「火星移住計画」を発表しました。

今後十数年以内に地球と惑星の間で数千人を輸送する事業をスタートさせ、その後、約40年から100年後には、火星を100万人が自給自足できる居住地にするというのです。

イーロン・マスク氏の「火星移住計画」はどのくらい現実的なのでしょうか？

『WIRED』（イタリア版／2017年8月15日付）の記事において、「イタリア宇宙機関」のチーフ・サイエンティストであるエンリーコ・フラミーニ氏が、マスク氏の「火星移住計画」の現実性を検証しています。

フラミーニ氏は、①移住先、②離着陸技術、③通信システム、④放射線、⑤ロケットの設計、⑥時間の項目に分けて検証し、人類が火星に行くのは早くても2030年代の前半だろうと語っています。

私は①〜④に関しては、わりあい簡単に解決できると思います。

①の移住先については、火星の地下に大量の水が液体状で発見されたことからも、移住先はやはり火星が適しているといえます。

人類をはじめ、ほかの動物や植物など生物が生存していくうえで、水は絶対必要な条件です。今回、火星の南極の地表の下に水が存在すると確認されたことは、火星移住計画にとって大変期待のできる発見といえるでしょう。

②の離着陸技術は、火星上空の宇宙空間に墜落率ゼロの「宇宙エレベーター」を建造することで解決できます。重力が地球の3分の1しかない火星上では、「宇宙エレベーター」の建造は地球に比べれば容易に行なえるでしょう。

そして、火星上空の衛星軌道上に「宇宙エレベーター」の「軌道ステーション」を建設し、そこを中継地として地球と火星の宇宙空間をロケットで往復することは、前述のとおり比較的簡単に行なえます。

「宇宙エレベーター」の実現は、人類の火星移住計画においても重要な役割を果たすのです。

③の通信システムですが、火星には現在、フォボスとダイモスの二つの衛星が存在しています。

これらの衛星上に通信基地を設置し、地球と火星との通信の中継基地として利用すれば、フラミーニ氏が指摘する「太陽が火星と地球の間に位置するときは、あらゆる通信が不可能」という問題だけでも解決できます。

二つの衛星は火星上空の軌道をそれぞれ違った方向に公転しているため、火星上の通信基地と地球間の「通信死角領域」を補ってくれるでしょう。

④の放射線の問題は、いずれ人類の科学が発達すれば解決できるでしょう。当面は「局所的な防壁」として、火星の地下に居住施設を建設すればいいのではないでしょうか。

ここで余談となりますが、「ひらめき」について述べておきたいと思います。

「天才とは、1％のひらめきと99％の努力である」というトーマス・エジソンの有名な言葉がありますが、実は「ひらめき」とは「生物種の進化を促す信号」のようなものです。

「信号」は人類に向けて絶えず発信されているのですが、死にものぐるいの努力をしていても、特定の才能やあるいはチャンスがなければ、この「信号の周波数」に同調できないため「ひらめき」は浮かびません。

本書では、「生物種の進化を促す信号」の発信元などについてのヒントも提示しています。

そしてそれは、私が「宇宙エレベーター」の実現化に楽観的な理由でもあるのです。

結論を述べれば、「宇宙エレベーター」は必ず実現するでしょう。読者におかれましても、本書の内容からぜひ、「ひらめいて」いただきたいと思います。(註12)。

「火星テラフォーミング計画」は実現不可能!?

最近、NASAが支援した研究チームによると、マスク氏の提唱する「テラフォーミング」に必要な量の二酸化炭素が、火星には存在しないことがわかりました。

これは、人類が居住できるように火星をテラフォーミングすることができないことを示唆しています。

火星の大気圧は地球の約0・6%です。液体状の水を安定して存在させるためには、地球の大気圧と同じくらいの二酸化炭素圧が必要となります。

二酸化炭素の供給源としては、火星極地の氷(ドライアイス)を利用しますが、太陽光を吸収させるために氷に粉末を散布して融解させ、炭素と酸素に分解して炭素を大気中に放出させたり、爆薬を使って二酸化炭素を大気中に解放します。

しかし、極地の氷を完全に気化できたとしても、二酸化炭素圧は現状の2倍、つまり地球の1・2％までしか引き上げることができません。

こうした分析は、探査機による20年間におよぶ火星観測の末に、つい最近ようやく完了したものです。

もう一つの選択肢としては、火星の土壌を加熱して、二酸化炭素を放出する策がありますが、ＮＡＳＡはそれでも必要な大気圧の４％までしか増えないと見ています。

さらに、火星の地表深くにある鉱物に含まれる二酸化炭素を利用したとしても５％にしかならず、しかも火星全体を１００メートルも掘り下げなくてはならないようです。

コロラド大学のブルース・ジャコスキー氏は、

「われわれの研究結果は、大気中に解放して大きな温室効果を生み出すために必要な量の二酸化炭素が、火星には残っていないことを示唆している」

と語りました。そして、

「火星の二酸化炭素ガスの大半はアクセスしにくく、容易に利用できる状態にはない。つまり現在の技術では、火星のフォーミングは不可能」

と断じたのです。

火星には、かつて水が流れていた可能性があることを示す証拠は存在しますが、それを可能にしていた太古の大気は、太陽風や太陽光によって失われてしまったのです。

42億年前に火星の磁界の層がなくなってしまったため、その後、火星は強烈な太陽風や太陽フレアに晒され続けており、大気もだんだん薄くなってきました。現在、火星には磁界の層が存在しないので、宇宙から飛んでくる放射線を防ぐものがありません。

仮に、今すぐ太陽風や太陽光を防いだとしても、現在の大気圧が2倍になるだけでも1000万年かかるだろうと同チームは示しています。

それでも火星移住は実現できる

そこで最近、人類の火星移住を実現するための別の計画が提唱されています。それは「火星パラテラフォーミング計画」です。

パラテラフォーミングとは、「ワールドハウス」とも呼ばれるコンセプトで、惑星上に巨大な囲いを建設し、その中で人間が住めるように設計して、最終的には惑星の大部分を取り囲むように成長させていくことです。「パラ」は「擬似的」という意味です。

囲いは、隕石などから地上を護る透明で頑丈な屋根からなり、その表面は高度1キロ以上に達し、内部は呼吸のできる大気で満たされます。

提案者のリチャード・テイラー氏は、ワールドハウスは1960年代以降の科学技術で建設可能だと主張していました。

イメージしやすいように画像を掲載しました。この図は「人口1万人の火星都市のデザイン」で、アメリカ・マサチューセッツ工科大学（MIT）の技師・建築家チームが、将来の火星植民地化のための住居デザインを競うコンテスト「Mars City Design 2017」で優勝したときのものです。

人口1万人の火星都市のデザイン
『テック＆サイエンス』2017年11月28日付より

このコンテストはNASAとESA（欧州宇宙機関）が創設し、スポンサーになっています。

優勝したデザインは、地下に張りめぐらされたトンネルで互いに接続された複数のドーム型住居を建設するというものです。

このドームによって、人々を宇宙放射線や気温変化、小規模な隕石落下から守ることができます。一つのドームには50人が住むことができると試算されています。

以上イーロン・マスク氏の「火星移住計画」を中心に述べてきましたが、ここで「火星パラテラフォーミング計画」という、ある意味で惑星移住計画の総決算ともいうべき、人類の壮大なプロジェクトについて述べます。

50年後の人類の未来に向けて

現在、たしかに火星は人類が移住できるような環境ではありません。希薄な大気の組成は、二酸化炭素が96％、呼吸に必要な酸素が１％に満たないのです。しかも、平均気温はマイナス62℃で、最低気温がマイナス２７６℃を記録したこともあるそうです。

このような厳しい環境の惑星では、人類が生きていけるように環境を変える方法（テラフォーミング計画）は、現代の科学技術では今のところ不可能のようです。

そこで、カーボンナノチューブの製造技術を活用して、隕石などから火星の地上を護る透明で頑丈な屋根を造り、「透明なドームに覆われた都市」を建設するのです。

この「火星パラテラフォーミング計画」は、テイラー氏がいうように現在の科学技術でも十分に実現可能ですが、火星上に建設するということで、まずは「宇宙エレベーター」の実現が前提となります。

火星上の建造物に必要な資材については、火星と木星間の宇宙空間に存在する「小惑星帯」から調達すればいいでしょう。

小惑星帯には、直径が数十メートルから数百キロくらいまでの小天体が無数に存在しています。小天体の岩石の成分は、建築資材に必要な鉄鉱石類なども多く含んでいることが確認されています。

小惑星帯の宇宙空間は無重力に近い状態であり、火星の重力も地球の3分の1です。小惑星帯から火星まで資材を輸送するにしても、地球上ほどのエネルギーは必要としません。重力が弱い火星の地表では、高層建造物などの大型居住用施設の建設作業も比較的容易にできるでしょう。

また、火星パラテラフォーミング計画を実施する前に、地球上のすべての核兵器を回収して、「宇宙エレベーター」で地球の軌道ステーションに運搬し、そこからまたロケットで随時、火星上空の宇宙空間まで核兵器を運搬して継続的に爆発させてしまえば、爆発エネルギーの約35〜45％の放射熱が出るため、火星の大気気温を急激に上昇させることができます。

火星上には現在、水が凍った状態で地下あるいは極冠地域に存在していることがNASAにより確認されています。これらの凍った水が核爆発の放射熱で溶け出せば、火星の地表に多くの海や川が誕生することになるでしょう。

その後、火星パラテラフォーミング計画を実施し、地球から大量の藻類や植物を運搬して、ドームで囲まれた火星の地上で育てていけば、植物が酸素を生成することにより、火星の大気成分中に多くの酸素が含まれるようになります。

NASAによると、高濃度の酸素と二酸化炭素を含んだ大気は温室効果をもたらし、火星地表上の平均気温が摂氏20℃前後になると推定されています。

育てる植物も、野菜や果物などを中心に栽培していけば食糧が自給できます。ドームで囲まれた居住区域を増やしていくことで、多くの人類が移住することができるのです。

火星の自転速度は24・62時間（1・06日）と地球とほぼ変わりません。傾斜角度も25・19度であり、地球同様に四季があります。

重力が地球の3分の1なので、特に骨格の脆くなった高齢者などは、地球よりも日常生活が快適になるでしょう。

人類が移住する候補地として、火星は最良の惑星になるはずです。

現段階においては、人類は核を使いこなせないし、その資格さえないといえるでしょう。にもかかわらず、地球を10数回も破壊できるほどの核兵器が地球上に存在しています。

緊迫する朝鮮半島や中東情勢、強大な軍事力を背景として南シナ海で台頭する中国に加え、IS（イスラム国）による国際的なテロの脅威などから推察すると、いずれ人類は全面核戦争によって滅亡しかねません。

だからこそ、地球上の核兵器のすべてを早急に火星のパラテラフォーミング計画で使い切ってしまう必要があるのです。

好戦的な人類が宇宙に進出すべきではない、との考え方も理解できます。SF小説のように、文字どおり宇宙戦争さえ引き起こしかねない危険な生物なのですから。

しかし、実際に人類が宇宙に進出するようになれば、その心配はなくなるでしょう。なぜなら、人類が広大な宇宙へ進出するためには、国際的な協調なくしては絶対に不可能だからです。

人類が国家間の争いをやめない限り、太陽系をはじめとした銀河宇宙への進出は永遠にあり得ないでしょう。

「宇宙エレベーター」の実現化により、将来的には地球上の原発すべてが廃止され、地球の電力エネルギーは宇宙太陽光発電所から供給できるようになると述べました。そうなれば、「核」なる危険なものは地球には必要がなくなります。

任期終了間近のオバマ前大統領やフラミーニ氏が示唆したように、人類初となる「火星への移住計画」は2030年代前半〜中ごろとされています。それまでにはぜひ、火星パラテラフォーミング計画に着手してほしいものです。

人類が火星などの宇宙空間へ進出するようになれば、それに従って人類の知的レベルもより進化するでしょう。

人間が人間を殺戮するといった野蛮な思考も改善され、もはや戦争などという人類を絶滅に追い込むような蛮行は自然消滅するのではないでしょうか。

地球をはじめ、宇宙は3次元時空といわれていますが、アルベルト・アインシュタイン博士によると、正確には「4次元時空」ということです。縦、横、高さに時間を加えた4次元時空なのです。

このことを人類は強く認識すべきです。人類が生きているのは空間だけではなく、時間の中でも生きているのです。

物事は目先のことにとらわれず、長期的なスパンで捉えるべきであり、短絡的な判断による戦争突入だけは避けねばなりません。

国際社会は国家間の争いを放棄し、他国の宗教を尊敬して平和な社会を実現させてこそ、宇宙進出のパスポートが得られるのです。

そして、将来に「来るべきもの」に備え、火星パラテラフォーミング計画の実現に向けて、人類は早急に「宇宙エレベーター」を実用化するべきです。

そのような観点からも、大林組には「宇宙エレベーター」という夢の構想の実現化を強く望みます。

人類が破局的な災害によって絶滅することを避けるためには、やはり「宇宙進出」、そして「人類の火星移住」といった壮大な計画を国家間で実現させる必要があるのです。

私は50年後の未来には、人類は太陽系の外恒星間宇宙に進出していると確信しています。

第四章
地球外由来の科学テクノロジー

一　明らかになった「ロズウェル事件」の真相

　これまでは、自然災害（巨大震災、火山噴火、地球温暖化による記録的な豪雨・台風災害）やそれらに誘発された原発事故などが発生したとき、「現代版ノアの方舟」で避難する方法など被災者の生命を守る災害対応について述べてきました。
　しかし、今後危惧される60年に一度といわれる隕石の落下や小天体との衝突、近隣の恒星の爆発による有害宇宙線の地球直撃、太陽の異変とオゾン層の破壊、ポールシフトなど天文学的スケールの災害の発生、核戦争によって地球環境が破壊され、人類が地球に住めなくなってしまった場合等々、「現代版ノアの方舟」だけでは対応できません。

そこで、これまで「宇宙エレベーター」や「火星移住計画」についても述べてきましたが、本章ではさらに「地球外由来の科学テクノロジー」の活用と「宇宙版ノアの方舟」の建造構想について述べてみたいと思います。

「ウィキリークス」が暴露したET（地球外知的生命体）の存在

第一章では、「ウィキリークス」が暴露した「ポールシフト（地磁気の逆転）が発生し、それにともない一時的に地球磁場が消滅して、20年以内に人類を含めた70％の生物が滅亡する」といった驚愕の「ポデスタメール」について述べました。

「ポデスタメール」とは2016年に、ヒラリー・クリントン陣営のブレーンであるジョン・ポデスタ氏とヒラリー・クリントン氏とのメールのやりとりをウィキリークスが暴露したものです。

ウィキリークスは、ポデスタ氏とカナダ・アルバータ州在住のケン・コフィン氏（カナダ科学界における主要メンバー）との電子メールの送受信も公開しています。

そして驚くべきことに、そこにはUFO墜落事件で有名な「ロズウェル事件」の真相と、アメリカ政府がETと交わした密約や宇宙人との戦争についてまで暴露されているのです。

中でも特筆すべきは、「ポールシフトなどの破局的災害から脱出するにはETの援助が必要不可欠」といった内容のメール文まで公開されたことです。

実はこの点が本書の趣旨であり、人類が滅亡することなく繁栄の道を歩んでいくように、近未来の人々にメッセージを伝えるべく、私は本書の執筆を決意しました。

そこで、次は「ロズウェル事件」の真相について述べてみたいと思います。

「ロズウェル事件」とは何か？

「真実」を隠すための手法として、「真実の情報の中に、誰が見てもインチキとわかるニセ情報を混ぜてしまえば、その情報全部がウソになる」という高度な情報操作があります。

「ロズウェル事件」は、まさに典型的なケースでした。正統な科学者たちを相手にロズウェル事件といった瞬間、彼らに失笑され、話はそこで終了します。

また、オカルト系・トンデモ系の人たちにもすでに飽きられ、まったく相手にされなくなったようです。

ロズウェル事件はあまりにも有名な事件だっただけに、映画、テレビ、書籍などあらゆるメディアの金儲けのネタにされて、同事件は名声と引き替えに真実の威光を失ってしまったのです。

ところが以前から、「ロズウェル事件は真実だった」という情報も出回っており、1997年には元ペンタゴンの情報部将校フィリップ・J・コーソ大佐により、アメリカ政府の最高機密であるロズウェル事件を暴露した『ザ・デイ・アフター・ロズウェル』（邦訳『ペンタゴンの陰謀』中村三千恵訳／二見書房）まで出版されました。

著者のコーソ大佐は、1960年代のペンタゴンの情報部将校であり、ロズウェル事件をよく知る人物とされるだけに、当時の軍の対応まで具体的に書かれています。同書はロズウェル事件の関連書籍の中でも、きわめて信憑性の高い著書だといわれています。

コーソ大佐は同書が出版された翌年1998年に亡くなりましたが、暗殺されたとの説もあります。コーソ大佐の著書から明らかにされたロズウェル事件の「真実」を見ていきましょう。

まずは、簡単にロズウェル事件の概要を紹介します。『BENEdict 地球歴史館』（2006

年3月24日付)の記事から一部引用して要約します。

ロズウェルはアメリカ・ニューメキシコ州にある町ですが、かつてそこにはアメリカ陸軍の航空基地がありました。

基地には第509重爆撃大隊が所属し、アメリカ唯一の原子爆弾投下部隊として知られていました。広島に原子爆弾を投下したB29も、この基地から飛び立ったといいます。

1947年7月1日、ロズウェル航空基地のレーダーが、異常な飛行物体をとらえます。レーダーに映った光点は、魔法のように現われたり消えたりしながら、時速1600キロの猛スピードで基地上空を飛び回りました。当時、最速の乗り物はP51ムスタング戦闘機だったそうで、その時速は700キロほどでしたから、この飛行物体は明らかに地球製の航空機などではなかったようです。

同年7月4日、この日も未確認飛行物体は基地の上空を飛び回っていたといいます。やがて雷雨が発生すると、上空で凄まじい雷鳴がとどろいた瞬間、レーダーの光点も消えてしまい、何かが雷鳴とともに空中爆発し、砂漠に落下したことが確認されました。

この様子は、軍、住民、考古学調査隊など、多くの人々によって目撃されたのです。ロズウェル近郊で羊を飼う牧場主のウィリアム・ブレイゼル氏は、その日、自分の牧場に銀色の破片が散乱していることに気づいたと証言しました。

そして、現場の状況に違和感を覚えたブレイゼル氏は、ロズウェルの町の保安官事務所に報告したといいます。

保安官のジョージ・ウィルコックス氏は、ひと目見るなり、それが「ありきたりのモノ」ではないことに気づきました。もしかすると軍事機密が絡んでいるかもしれないと推測したウィルコックス氏は、さっそくロズウェルの航空基地に連絡したのです。

第509重爆撃大隊に所属する情報将校ジェシー・マーセル少佐は、すぐに現地に駆けつけて、見たこともない奇妙な破片の回収を行ないました。そして同隊の司令官ウィリアム・ブランチャー大佐は、マーセル少佐の報告をもとに、次のように発表したのです。

「かねてより噂をされていた空飛ぶ円盤を軍が回収した……」

米軍が空飛ぶ円盤を公式に認めたのです。

そして7月8日、ロズウェルの地元新聞『ロズウェル・デイリー・レコード』は、「大スクープ」ともいうべき軍の発表を大々的に報じました。全米はたちまち大騒ぎとなり、大新聞までがフィーバーして、ニュースは瞬く間に世界を駆けめぐります。

その後、テキサスにある第8陸軍航空司令部のロジャー・レイミー准将は、なぜか予想に反して空飛ぶ円盤説を完全に否定し、回収されたのはただの気象観測用の気球であると公式に発表します。

そしてマーセル少佐は、見間違えたとされる気球の残骸とともに写真を撮られ、新聞にまで掲載されてしまいました。

彼は、空飛ぶ円盤と気球を見間違えた「マヌケな軍人」という役回りを演じることになったのですが、意外にも騒動を起こした軍罰は免除されたといいます。

こうして世界を席巻したロズウェル事件は、「気象観測用の気球が落下した事件」として、真相は隠蔽されたまま一件落着となったのです。

しかし、「マヌケな軍人」と揶揄されたマーセル少佐自身は納得しなかったようです。そのときの屈辱は生涯にわたり彼を悩ませたそうで、晩年、「あれは気象観測用の気球ではなかった」と真相を暴露したのですが、彼の証言は認められることがないまま、彼はこの世を去っています。

ロズウェル事件に関しては近年、当時の軍関係者や元ＮＡＳＡのアポロ宇宙飛行士、多くの一般市民の目撃者などが次々と「あれは間違いなく地球外の飛行物体だった」と証言しています。

そしてウィキリークスが、ヒラリー・クリントン陣営のメールの送受信データからロズウェル事件の真相を公開するに至ったのです。

超高度な科学技術の隠蔽

以上が「ロズウェル事件」の概要ですが、米国陸軍大佐（退役）フィリップ・J・コーソ氏は、自著『ペンタゴンの陰謀』で驚くべき事件の真相を明かしています。

コーソ大佐は、アイゼンハワー政権当時の国家安全保障会議の一員を務めた陸軍情報将校でしたが、21年間の軍勤務を経て軍事分析官になります。

大佐は、1947年にロズウェルに墜落した1機のUFO（未確認飛行物体）と、地球外知的生命体の遺体（複数）をある空軍基地で直接見たといいます。また、複数のUFOがレーダー上を時速4000マイルで飛行するのを見たともいっています。

大佐は研究開発プロジェクトにいたときに、あちこちで起きたUFO墜落事故から回収された地球外工学技術の破片を複数受け取りました。彼の仕事は、これらの工学技術を産業界に植えつけることだったのです。

大佐はロズウェル事件で回収したＵＦＯを調べ、役に立ちそうなテクノロジーをアメリカ企業に供与し、それが後の大発明につながったといいます。

つまり、地球のテクノロジーのいくつかは、ロズウェル事件で回収したＵＦＯのコピー品だったというわけです。一見、〝トンデモ〟話のようですが、本の内容は論理的でつじつまが合っています。

大佐によると、ロズウェルで回収したＵＦＯには動力源も推進エンジンもなかったといいます。それでも、電磁界を反重力界に変換する方法で推進するのではないかと推測しました。

現在の地球文明は、電動モーターのように磁力を電流で制御することはできますが、重力を直接制御することはできません。

しかし、制御可能な電磁力を重力に変換できれば、間接的に重力を制御できるかもしれません。そうなればＵＦＯのようなジグザグ飛行も可能になります。

人工重力で飛行体を引きつければ、乗員の身体も血流もすべて同じ力で引きつけられるため、ジェット機のように機体が推力を受けて、乗員が逆方向の慣性力で苦痛を味わうこともなくなります。

ロズウェルで回収したUFOには、電気配線らしきものがなく、代わりに透明で細長いワイヤーがあったそうです。中に光を通すことができ、ワイヤーを曲げれば光も曲がり、「光は直進する」という法則に反するので不思議だったと大佐は述べています。それが今、世界中で使われている光ファイバーというわけです。

さらに、クラッカーの形をした5センチほどの灰色の薄い板も見つかり、表面にはワイヤーが道路地図のように張りめぐらされていたといいます。つまり現在のLSIです。

LSIはコンピューターだけではなく、あらゆる電子機器に使われています。高純度のシリコン上に、多数の部品と配線を直接生成するので、きわめて集積度が高いものです。

「リレー↓真空管↓トランジスタ↓IC↓LSI」という進化において、当時は「真空管」の時代ですから、LSIがいかに突出したテクノロジーだったかがわかります。

大佐の主張によれば、ロズウェルに墜ちたUFOからは、ほかに暗視装置や粒子ビーム砲、電磁推進システムが発見されたとのことです。

そして、防護服もつけずに宇宙飛行に出かければ、宇宙飛行士は電子レンジで体ごと料理されるのと同じことになるそうです。

異星人たちは、いかにも弱そうだけれども実は強く、力がかかって伸びてもすぐ元どおりになる、弾力性のある繊維構造による特殊なジャンプスーツを着用していたそうです。

それは「くもの巣」を連想させましたが、こうした繊維構造は、絶えず宇宙船を襲う低エネルギーの有害宇宙線から体を保護するものだといいます。この「特殊な防御服」には、次に記すように、もう一つの効果がありました。

米軍は当時、墜落した宇宙船のシステムを秘密裏に解析していました。その結果わかったのは、宇宙船全体が巨大なコンデンサーの役割を果たしており、電磁波を引き起こすことによって重力を排し、船体周辺の磁場を転換することで制御されていたということです。つまり、推進力ではなく、電荷のような反発力によって制御されているのです。

宇宙船自体が電磁波を引き起こすための必要なエネルギーを蓄えていることで、地球の重力からの脱出速度が達成され、時速7000マイルを超えるスピードが可能になるといいます。

しかし宇宙飛行士は、従来の航空機とは違って強大なG力の影響を受けることがありません。重力は、船体を包み込む電磁波の外側を覆っているのであり、宇宙飛行士は体に密着した防御服によって、電磁波と連動しているというのです。

特殊な繊維は逐電作用の一環をなし、宇宙船の電気回路の一部となり、人間の随意筋と同じ要領で宇宙船を動かす仕組みになっているそうです。

頭から足まですっぽり包み込む服が、高エネルギー波の中でも体を保護し、宇宙船と飛行士を一体化させ、電磁波の一部にしてくれるというシステムのようです。

宇宙飛行士は空気呼吸をしないため、地球に来るときはある種のヘルメットを着用していたそうです。宇宙飛行士が声帯を持たず言葉を発しないので、そのヘルメットは彼らが交信できるように意志の伝達を増幅する装置であり、またヘルメットが直接操縦かんの役割を果たしていたそうです。

つまり、彼らの考えたとおりに宇宙船を動かせるという、究極的な飛行マシーンであったということです。

実は、今では一般に普及しているパソコンやスマホ、タブレットを含む携帯端末などは、ロズウェル事件由来のハイテク機器類であり、「米軍のおさがり＝用済み」となってしまったものだとのことです。

以上、大佐の著書『ペンタゴンの陰謀』の一部を引用して解説しましたが、人類が愚かなのは、どんなに進んだハイテクノロジーを得たとしても、科学を悪用し、敵を大量破壊することばかりに専念していることです。

異星人由来の最先端科学技術を平和のために利用すれば、私たちの生活は一気に向上し、人類が直面している「人類の存亡にかかわる諸問題」もある程度解決できるはずです。

それこそ、カーボンナノチューブの製造も格段と進歩し、前章で述べた「宇宙エレベーター」などもすでに実用化されていたかもしれません。

大佐が薬物中毒であったり、精神異常者だったとはとても思えません。本の内容や証言は論理的であり、当時から現代に至る急激な科学テクノロジーの発達を見ても、すべてつじつまが合っています。

元ペンタゴン情報部将校という大佐の経歴からしても、金銭目当てに嘘や作り話をでっち上げて、自身の晩節を汚すような愚かな行動に出るとは考えられません。

同書は今でも手元にあり、再度読み返したのですが、地球外のテクノロジーを各企業に極秘裏に提供している内容があまりにも具体的に書かれているため、とても嘘や作り話とは思えないのです。

大佐ははっきりとETが存在すること、米軍が彼らから科学的な援助を受けていることを明言しています。このことは、ロズウェル事件の信憑性を十分に証明しています。

やはり、ロズウェル事件は本当に起きていたようです。

さらに、米軍による地球外科学テクノロジーの実用化がどこまで進んでいるのかについては、具体的な情報がある団体によってすでに一部開示されているのです。

二　情報開示されたET（地球外知的生命体）の存在と超科学テクノロジー

「地球外科学テクノロジーは米軍ではすでに実用化されていた。しかも、その背後には『闇の勢力』が暗躍している」

2001年5月9日、アメリカの元医師スティーブン・M・グリア博士と科学者のセオドア・C・ローダー三世博士たちは、衝撃的な発表をしました。先のコーソ大佐の暴露情報を裏づけるような証言です。

彼らは、隠蔽されたUFO情報を暴露する「ディスクロージャー・プロジェクト」（UFO機密情報公開）という非営利の民間団体に所属しています。

「ディスクロージャー・プロジェクト」について、書籍『ディスクロージャー：軍と政府の証人たちにより暴露された現代史における最大の秘密』（スティーブン・M・グリア編著／廣瀬保雄訳／ナチュラルスピリット）から一部引用して紹介します。

同書は、「秘密にされてきた、UFO／ET、先進的エネルギーおよび推進システムについての事実を全面公開。全世界を揺り動かす衝撃の証言集」として、グリア博士らが実施したビデオ・インタビューの記録などから書き起こされたものです。

軍・政府関係者、宇宙飛行士など著名人を含む69名によるUFO／ETの目撃体験、フリーエネルギーや反重力推進技術の情報を明かす証言記録集です。

そしてグリア博士は、「闇の勢力」によって隠蔽され続けてきたUFO／ET関連情報について、その全面的な公開を求める「ディスクロージャー・プロジェクト」を推進し、人類に地球の危機を救うための行動を促しています。

滅亡か繁栄か？　今、私たちには最後の選択の時間が迫っています。

決定的な直接証拠の集大成ともいえる本書には、単なる興味本位の読み物ではない公式記録としての権威があり、読者の世界観・人生観を根底から変えるインパクトがあります。

特にフリーエネルギーや反重力推進についての詳細な情報は、公害汚染や地球温暖化などを危惧する人たちにとって、関係筋にその実用化を要求する行動を起こすきっかけともなり得ます。

グリア博士による告発内容の一部を紹介します。

○われわれは、すべてを解決する技術をすでに手にしている。軍と政府関係者が詳細にわたって証言する闇の勢力によって、巧妙に隠蔽され続けてきた瞠目すべき数々の事実がある。世界は半世紀以上も前に、その根底から変貌を遂げるはずだったのだ。

○われわれは進歩した地球外文明の訪問を実際に受けつつあり、これまでも受けてきた。

○これは、アメリカなど多くの国においてもっとも秘密とされ、区画化されてきた計画である。

○これらのプロジェクトは、アイゼンハワー大統領が１９６１年に警告したように、アメリカやイギリス、その他の国々で法の監視と統制を逃れてきた。

○情報機関などにより地球外輸送機（ＥＴＶ）と呼ばれる地球外起源の進歩した宇宙機が、少なくとも１９４０年代以来、おそらくは１９３０年代ころから撃墜され、回収され、研究されている。

○これらの物体の研究により（そしてニコラ・テスラの時代に遡る、人類によるそれに関連した技術革新から）、エネルギーの発生と推進力の分野で重要な技術上の大発見が行なわれた。それらの技術は新しい物理学を応用し、化石燃料や電離放射を必要とせず、無限のエネルギーを発生させる。

○最高度の極秘プロジェクトが、完全に機能する反重力推進装置と新しいエネルギー発生システムを所有している。それらは、もし公開され、平和的に用いられるなら、欠乏も貧困も環境破壊もない新しい文明を人類にもたらすだろう。

○ＥＴの訪問は行なわれてきたのだ。墜落した宇宙機も存在してきた。回収された物質と遺体も存在してきた。そして現在、政府と結びついているのかどうかはわからないが、かつてはたしかに政府と結びつき、このことを知っている人々のグループがどこかにいる。彼らはこの知識を隠蔽するか、それが広く知られることを妨げようとしてきた。

一見、「陰謀論者」の妄言のような内容であり、にわかには信じがたいと思います。まして日本では、ＵＦＯやＥＴなどに関する話題は、現在もバラエティー番組のネタレベルで取り扱われています。

しかし、欧米諸国では近年、ＵＦＯ問題は軍事レベルを超え、国家の重要な問題となっている状況です。

グリア博士とはどのような人物なのか、博士の経歴と活動状況などを簡単に紹介します。

スティーブン・Ｍ・グリア博士は１９５５年生まれで、アメリカ・ノースカロライナ州出身の元医師・ＵＦＯ研究者です。

１９９０年に、地球外生命体と「平和的・時間的関係」を築くためにＣＳＥＴＩ（地球外知性研究センター）を設立し、さらに１９９３年に「ディスクロージャー・プロジェクト」を設立します。

「ディスクロージャー・プロジェクト」は次のことを目的としています。

１　ＵＦＯと地球外生命体の地球上および周辺における存在に関し、機密性のない公開公聴会を開く
２　公開されることで地球規模の環境問題に解決をもたらす
３　先進的なエネルギーと駆動力システムについて公開公聴会を開く
４　宇宙空間の兵器をすべて禁じる法を制定する

5　平和的に、かつ地球上および宇宙のすべての生物と協調的に、宇宙を研究、開発、探索するための包括的な法を整備する

グリア博士の近年の活動を見ると、1997年にアポロ計画の宇宙飛行士エドガー・ミッチェル氏を含むCSETIの構成員とともに、連邦議会の議員に向けて状況説明会を行なっています。

1998年には、グリア博士は救急救命室の医師としての座を降り、「ディスクロージャー・プロジェクト」に専念します。

そして2001年5月9日、ワシントン市のナショナル・プレス・クラブで記者会見を行ない、退役空軍軍人、元連邦航空局当局者、元情報部当局者、そのほか企業や政府の関係者らなど、総勢20名による証言を発表しました。

同日、グリア博士によってまとめられた先の証言集『ディスクロージャー：軍と政府の証人たちにより暴露された現代史における最大の秘密』が出版されます。さらに証言者のインタビュー映像も公開されます。

グリア博士は、「実際に証言を行なったものは二十余名だが、その背後には400名を

超える証言者がいた」と述べています。

２００２年の『オレゴン・デイリー・エメラルド』紙による報告では、グリア博士は１２０時間におよぶＵＦＯ関連の証言を多く政府関係者から集めており、その中には宇宙飛行士のゴードン・クーパー氏や准将も含まれているとのことです。

そして、２０１３年４月29日から５月３日にかけて、ナショナル・プレス・クラブにおいてディスクロージャーに関する市民公聴会が開かれ、グリア博士は40名の証言者のひとりとして参加しました。

博士は、会見を行なった理由について次のように語っています。

○ＵＦＯ情報はアメリカ一国が独占すべきものではなく、人類共通の問題であるため
○「地位と名誉ある人物が証言すれば、世間は信用する」ため
○今やＵＦＯが存在するかどうかなど論議している場合ではなく、人類最大の問題であることを一般の人に認識してほしいため

以上ですが、グリア博士のこうした経歴や活動内容などから推察すると、「ただのホラ

吹き」とは思えないのではないでしょうか。

また、2017年7月11日付のオルタナティブ・ニュースサイト『Collective Evolution』によると、すでにグリア博士はトランプ大統領に近い政府高官と接触し、UFOやエイリアンについてのブリーフィングを行なったといいます。

そして、今後はトランプ大統領がUFO情報を開示することに希望を持っているとのことです。

アメリカ政府内においては、機密のUFO情報を握っているのはきわめて少数の人間だけであり、大統領といえども簡単にUFO情報を入手することはできません。

アメリカの著名なUFO研究家ラリー・ホルコム氏によると、UFO情報に精通していた大統領は、CIA長官を務めたことがあるジョージ・H・W・ブッシュ（パパ・ブッシュ）が最後であり、それ以後の大統領は「Need to koow」（知る権利がある人）から外されている可能性があるそうです。

こうした経緯からも、トランプ大統領は「部外者」であるグリア博士の情報を必要としたのかもしれません。

すでに解明されている地球外科学テクノロジー

驚愕すべき地球外科学テクノロジーについて、「ディスクロージャー・プロジェクト」のメンバーの証言から一部を引用します。

科学者のセオドア・C・ローダー三世博士（ニューハンプシャー大学教授）によれば、恒星間宇宙を迅速に移動する技術には、光速度の壁を破り、それに必要なエネルギー供給を可能にする物理学の理解が含まれているそうです。

ＥＴがすでに地球に訪れているとすれば、人々は、彼らはどのようにして地球にやってくるのか？　なぜ、われわれにはそれができないのか？　と疑問に思うでしょうが、実は人類にはそれが可能であるか、少なくとも可能にする技術をすでに開発中だとのことです。

フォン・ブラウン博士（註8）らによる初期の実験以来、人類は自分たちの科学と逆行分析（リバースエンジニアリング）されたＥＴ技術に基づき、反重力輸送技術を発展させてきたといいます。

そして、公開プロジェクトの証人である複数の軍関係者によると、作動する反重力、または電気重力航空機がすでに開発されているとのことです。

各証言は次のとおりです。

ダン・モリス氏の証言（国家偵察局＝ＮＲＯの退役諜報員）

「ＵＦＯには地球外のものと地球人が作ったものの両方がある」

「われわれはすでにゼロポイント・エネルギー装置（註9）を持っており、それは電力会社にコードをつなぐ必要はない。何も燃やさず、汚染も発生しない」

Ａ・Ｈの証言（ボーイング・エアロスペース社の元社員）

「宇宙機の大部分は反重力と電気重力推進によって作動する」

「われわれはまさに今、反重力輸送機をそこ（エリア51）で、またユタ州で飛ばしている」

退役海兵隊員のビル・ユーハウス氏の証言

（約30年間、「新型航空機＝空飛ぶ円盤」のテストパイロットとして働く）

「この40年ほどの間、われわれが建造したものは、おそらく20から30数機だろう。さまざまな大きさのものがあった」

「（取り組んだ宇宙機の一つが）異星人たちがわれわれの政府に提供しようとした一つの制限された機体だった。この機体には4人の異星人が搭乗しており、そのすべてが研究のためにロスアラモスに運ばれた」

ブラッド・ソレンソン氏の証言（アメリカの航空宇宙発明家）

「（1988年11月にノートン空軍基地の格納庫を訪れて）床から浮揚した3機の空飛ぶ円盤があった。それらを吊り下げている天井からのケーブルなどはなく、下に着陸ギヤもない。まさしく床の上に浮揚し、空中静止していた」

マーク・マキャンドリッシュ氏の証言（航空宇宙イラストレーター）

「（ソレンソン氏が語った）3機の『ARV＝複製された異星人の輸送機』のうちの1機を

図解した」

以上、いくつかの証言を紹介しましたが、ソレンソン氏が見た円盤は、直径が24フィートから60フィートで、地球人が建造したものであり、2個の大きな24ボルト・バッテリーを用いて始動したそうです。

これらのタイプの航空機技術は著しく発展し続けているようで、ソレンソン氏が見た円盤は四半世紀以上も前に建造されたものだったといいます。

その当時の早い時期に、ETとアメリカ政府との間に何らかの協力関係が存在していたことは間違いないようです。

では、これらの輸送技術の開発は現在、どれほど進展しているのでしょうか?

元ロッキード・スカンクワークス所長ベン・リッチ氏は1993年に、世界最大のUFO研究組織「MUFON」のエグゼクティブ・ディレクター、ジャン・ハーザン氏らに次のように述べたそうです。

「われわれはETを故郷の星に帰す技術をすでに持っている」

ハーザン氏が、UFO推進システムはどのような仕組みで作動するのかと訊ねたところ、

リッチ氏は、

「あなたに質問しよう。ＥＳＰ（超感覚的知覚）はどういう仕組みで働くと思うか？」

と逆に質問してきたといいます。

そこでハーザン氏はこう答えたそうです。

「時空のすべての点は連結している、ということでしょうか？」

するとリッチは、

「それこそが答えだ！　この概念は１９２７年にシュレディンガーによって洞察されたものだ」

といったそうです。

グリア博士によれば、過去60年以上にわたって行なわれてきた大規模なＥＴ情報の隠蔽は、ひとつには次のような理由によるとのことです。

「将来の地球社会が輸送用の動力に化石燃料を必要としなくなり、反重力技術が利用されはじめるにつれて道路の必要性もなくなっていく。これらの技術が公共利用のために開発されると、物資や人々の輸送にとどまらず、化石燃料／エネルギー部門の全体、世界の銀行業や製造業、世界政治といった人類活動のあらゆる側面に甚大な影響をおよぼすことになる。全面公開が起きると、支配者グループは支配力を失う」

人々からお金を絞り上げ、自らの利益のために世界経済を支配するという、ただそれだけのために、世界に対してET情報を公表しないことは、「闇の支配者グループ」による重大な犯罪行為であるといえます。

グリア博士たちの証言が真実ならば、前章の「宇宙エレベーター」の実現化はもちろん、人類の宇宙進出も急速に進歩するチャンスがあることになります。

ただし、彼らが述べていることが本当なのかどうか、検証する必要があります。

反重力推進システムの実用化

私は、地球外科学テクノロジーが本当に活用されているのかどうかを確認するため、「ディスクロージャー・プロジェクト」の資料をくまなく調べてみました。すると、たしかに納得できる文章にたどり着いたのです。

米軍ではすでに重力の制御が可能な段階に到達しており、「地球製UFO」まで製造していたようです。

反重力推進システムがB2爆撃機に搭載されている事実や、その構造、「闇の政府」の実態などに関する暴露情報が低俗なデマやホラ話ではなく、信憑性のある科学的な内容として記載してありましたので、さっそく紹介しましょう。

次頁の写真は現在、世界中で目撃されている「地球製UFO」です。1990年の湾岸戦争のときに一時的に使用されたそうです。

この機種は1962年から実用試験されてきましたが、ほぼ完成したのは1992年です。ユタ州ソルトレーク東部のキングマウンテンの麓に基地があるようです。

同機の開発には、しっかりとエドガー・ロスチャイルド・フーチェというロスチャイルドの子孫が幹部として加わっているとのことです。

三角形のそれぞれの角に見える光は、中性粒子線の照射装置で、中央の光は炉心です。この炉心へ向けて中性粒子線を照射し、クロスさせることで炉心の中にプラズマが発生し、交差ポイントをずらすことにより、そこへ向かって引っ張られるように動く仕組みです。

また、この発電機回転動力でヘリュウムガスを液体化し、電磁コイルが超伝導状態を得る速度はマッハ10を超えると推測されます。

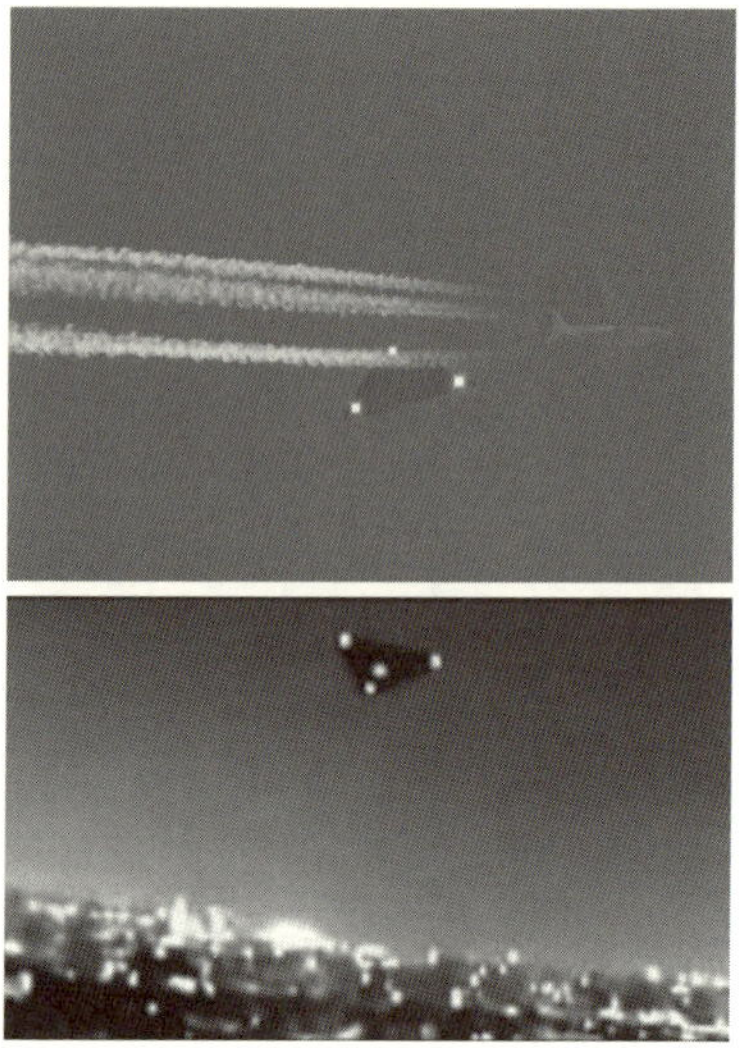

Ｂ２爆撃機アストラＴＲ-３Ｂ
（ロッキード-マーチン＆ボーイング製）

　この三角形の巨大反重力戦闘機Ｂ２重爆撃機アストラ「ＴＲ－３Ｂ」の燃料は主に核であり、大気圏の突入や高高度からのＥＭＰ攻撃（高度核爆発＝高層大気圏における核爆発）が可能だそうです。

　１９９２年、極秘プロジェクトの科学者たちは、『アビエーション・ウィーク・アンド・スペース・テクノロジー』誌に次のことを公開しました。

「Ｂ２爆撃機は、その排気を静電的に高圧に帯電させ、同時に翼形機体の前縁部を逆極性に帯電させる」

　この情報に接し、ポール・ラビオレット博士（註10）は１９９３年、Ｂ２推進システムを逆行分析しました。博士によると、Ｂ２は本質的に「Ｂ－Ｂ効果」（ビーフェルド－ブラウン効果）（註11）で知られるタウンゼント・ブラウン氏の特許である電気重力航空機の実現だということでした。

Ｂ２は通常のジェット推進で離陸することができます。そして空中に舞い上がったら、電気重力駆動が稼働し、推力を増強します。

このシステムは、乾燥した条件下でのみ稼働可能です。もし、Ｂ２の誘電体翼が濡れたら、印加高電圧はショートします。Ｂ２は雨の中を飛行できないのです。

最初、研究開発はエリア51で実験が行なわれていましたが、現在ではエリア52（ライト・パターソン空軍基地）に場所が移っています。エリア52で開発された最新軍用機がアストラＴＲ－３Ｂです。

生命エネルギーを搭載することにより、実際にパイロットが搭乗しなくても、別の離れた場所から脳波を使って、頭で思い描くとおりの操縦が可能なハイテク航空機だそうです。

機体をプラズマで覆うために、急発進・急加速・ジグザグ移動など自由自在な飛行が可能です。

このような高度な宇宙技術をなぜＮＡＳＡではなく、エリア51やエリア52などの空軍基地で開発されているのでしょうか。

実は、本当のＮＡＳＡというのはエリア51やエリア52であり、大衆がＮＡＳＡと思っている航空宇宙局はカムフラージュのために作られたものだそうです。

エリア51や52には広大な敷地の中に地下施設があり、高層ビルが下へ向かって伸びているようなものだといいます。

エリア51の存在はすでに露見してしまったので、現在では主にエリア52で米軍の最高機密の研究開発が進められているそうです。

こうした研究開発を米軍に行なわせ、新世界秩序を実行しているのが、シークレット(ブラック)ガバメント＝「闇の政府」ということになります。

「闇の政府」とは何か？

「UFOディスクロージャー・プロジェクト」の資料より以下、引用します。


これはしかし、われわれの本当の「政府の政府」(単純に政府の上位にある政府ではないという意味：註)**ではない。そうではなく、それは「統制グループの政府」である。それは運営レベルの政府であるが、高いレベルにおいて、ある統制グループに属している。**

この統制グループは、われわれの政府の枢要部に浸透し、このような、すべてのプロジェクトを掌握している。

電気重力は、米国政府において幾度となく繰り返し取り組まれてきた。そのたびに、それは暴力的に潰されるか、本当の政府ではない政府の内部筋による、不可解な統制のもとに引きずり込まれてきたように思われる。

このような「引きずり込まれた」プロジェクトのいずれにおいても、その運営に関わる個々人は、本当の政府職員である。彼らはその高い機密性を持ったプロジェクトが、米国政府により統制されていると信じて疑わない。

彼らは、知る必要性を持った上層の政府高官たちが、そのプロジェクトについて完全に知っていると考えている。実のところ、その思い込みは間違っている。

プロジェクトの最上層部においては、そのプロジェクトは米国政府に報告されない。それは統制グループの代表者たちに報告される。

プロジェクトを、米国政府において直接の指揮系統上にあり、機密取扱許可と知る必要性の応分の資格を持つ高官たちからさえも隠蔽する覆いとして、最高度の機密分類が使われている。

今述べたように、もし誰かが次のように聞いたら、用心しなければならない。

「われわれの政府は、こんなことはしていないんじゃないか？」

答は、イエスでもあり、ノーでもある。

われわれの合法的な政府は、このような輸送機を持つことも知ることも許されていない。われわれの違法な統制グループの政府が、それらを数十年間掌握している。

（「UFOディスクロージャー・プロジェクト」日本語訳資料より）


どうやらことの真相は、地球外科学テクノロジーを「闇の政府」が独占しているということのようです。

前章で述べてきたとおり、破局的災害が人類を絶滅に追いやる可能性が十分に予想されます。そのことについて、地球人類は一刻も早く気づくべきなのです。もしかしたら、「闇の政府」のほうがすでに気づいているのかもしれません。

いろいろな意味で、「地球外知性」に関する情報をかたくななまでに隠蔽しているのも、彼らだけが自分の特権を活かして、宇宙のどこかの隠れ家に逃げ込む算段なのかもしれません。

それにしても、こうした地球外科学テクノロジーが軍需産業だけに悪用されず、次に述べるような人類の緊急避難用「宇宙版ノアの方舟」の建造構想に活用されることを願ってやみません。

三　「宇宙版ノアの方舟」の建造構想

本章では、これまで元ペンタゴン情報部将校フィリップ・J・コーソ大佐と、「ディスクロージャー・プロジェクト」の主宰者スティーブン・M・グリア博士たちによる地球外科学テクノロジーについて述べてきました。

本項では、天文学的スケールの破局的な災害により人類に危機が訪れた場合、それに対応できる避難先として「宇宙版ノアの方舟」の建造構想について述べてみようと思います。

避難先としては、二つのケースを想定しました。

小惑星を「オウムアムア」型に改造

地球外科学テクノロジーがすでに実用化されているのなら、火星と木星間に無数存在している「小惑星」の中から、「宇宙版ノアの方舟」の建造に適しているものを選出し、その超越した科学技術を活用して、人類の避難施設として改造します。

そして、改造した小惑星を地球大気圏上空の静止軌道上に移動、待機させておきます。万が一、破局的災害が発生した場合、人類はそこに避難すればいいのです。

避難に利用する輸送手段としては「宇宙エレベーター」のほか、「重力推進システム」を搭載した宇宙船を使用するなど、地球外科学テクノロジーを活用する方法があります。

小惑星を改造した「宇宙版ノアの方舟」とは、具体的には次の写真にあるように、「オウムアムア（恒星間天体）」と同じような形状に改造することになるでしょう。

オウムアムアとは何か？

以下、アストロアーツ社のHP記事（2017年11月24日付）から一部引用・要約して紹介します。

ハワイ語で「偵察者、斥候」という意味を持つ「オウムアムア」は、2017年10月19日、アメリカ・ハワイのハレアカラ天文台で発見された小天体です。

運動の軌道や速度の情報から、オウムアムアが太陽系外からやってきたことはほぼ確実と見られ、観測史上初の恒星間天体とされています。

オウムアムアは発見当初は彗星と考えられていましたが、ガスの放出が見られなかったことや表面のスペクトル観測などから、岩石質の天体であることがわかりました。

オウムアムアは長さが４００メートル以上、密度が高く、岩石質か多量の金属を含む組成で、水や氷はほとんどないと考えられています。暗く赤っぽい色は、数百万年間も宇宙線を浴びてきた影響でしょう。

オウムアムアの長さは、幅に対して10倍も大きく不思議な形状ですが、この比は太陽系内のどの小惑星や彗星よりも大きい値です。これまでに知られている小天体では、幅に対して長さは3倍が最大でした。

オウムアムア（恒星間天体）の想像図

初期の軌道計算から、オウムアムアはこと座のベガの方向からやってきたことが示されましたが、その後、ベガよりもっと遠い連星から排出されたものであることが判明しました。

オウムアムアは現在、太陽に対して秒速38キロで太陽系からどんどん離れており、地球からは約2・2億キロ離れたうお座の方向にあります。

２０１８年5月には木星軌道を、２０１９年1月には土星軌道を越えて太陽系を後にし、ペガスス座の方向へ向かっています。

以上がオウムアムアの概要ですが、オウムアムアの正体については、世界の天文学者たちはいまだ確たる答えを出せずにいるようです。

小惑星は通常、球形です。しかしオウムアムアの形状は、全長が幅の10倍で約400メートルあります。

その異様な形状は葉巻型と形容されていますが、この極端に縦長なアスペクト比は、今までに太陽系で観測されてきたいかなる小惑星とも異なります。

そこで出てきたのが、オウムアムアが人工的な物体ではないかという説です。つまり、エイリアンの宇宙船ではないかと疑われはじめているのです。

世界的理論物理学者の故スティーヴン・ホーキング博士も参加していた研究チームが、その可能性を大真面目に検討しているとのことです。

以下、『TOCANA』（2018年1月8日付）の記事より引用・要約して紹介すると、同チームの見解によれば、

「近年の研究では『葉巻型』あるいは『針型』の宇宙船こそが、惑星間移動に適した形状であることがわかっています。途中のガスや塵からくる摩擦やダメージを最小限にとどめることができるのです」

とのことです。

「オウムアムア宇宙船説」を支持している科学者はほかにもいます。アメリカ・ハーバード大学の天体物理学者、エイブラハム・ローブ教授らのチームです。

ローブ教授は、いまだオウムアムアからエンジンのような推進力を観測できない点について、「現在はコースティング（惰行運転）中の可能性がある」とし、「あるいは、エイリアンたちは高性能なマザーシップ（母船）を保持しており、そこから小型宇宙船の偵察機（オウムアムア）をリリースしているのかもしれません」といいます。また「その場合、マザーシップと偵察機との間の交換シグナルを私たちがキャッチできる可能性もあります」とも語っています。

なお、2019年1月19日、イスラエルの新聞の取材においても、ローブ教授は自説を翻す様子はありませんでした。

たしかに、「オウムアムア宇宙船説」の可能性は否定できません。オウムアムアの異様な形状と恒星間を移動する軌道から推測すると、自然にできた小惑星とするには無理があります。

真相はともかく、ホーキング博士も参加していた研究チームが説明していたように、ガスや宇宙塵のダメージを最小限にとどめることからも、オウムアムアのような小惑星こそが「宇宙版ノアの方舟」の候補としてもっともふさわしいといえます。

人類は地球外科学テクノロジーを活用して、早急に複数の小惑星を改造し、地球上空の静止軌道上に待機させ、地球が宇宙規模の災害に見舞われたときに備えるべきでしょう。

そして最悪なケースですが、地球上に人類が居住することができなくなってしまったとしても、火星をパラテラフォーミングしていたならば、残された人類は安全に火星まで避難することが可能です。

火星で新たな人類社会を構築することもできるのです。

月面の「地下空洞」を利用

もし、「闇の政府」が地球外科学テクノロジーをいっさい公開せず、そのまま独占し続けた場合、人類は自らの力で宇宙規模の破局的な災害から脱出するしかありません。

そこで登場するのが「宇宙エレベーター」と「月」です。

避難時に備え、月面にも「宇宙エレベーター」を建造しておけば、いざというときに地球と静止軌道上の宇宙ステーション、月面と月の静止軌道上の宇宙ステーションをそれぞれ人類の避難・移動に利用できるのです。地球と月との宇宙空間は、ロケットでも比較的容易に移動可能となります。

２０１７年10月18日、ＪＡＸＡ（宇宙航空研究開発機構）の発表によると、月面地下に空洞があることが日本の月探査機「かぐや」の観測データから判明しました。

２０１６年から電波を使って得た周辺の地下構造のデータを詳しく調べたところ、次頁の図にあるように縦穴から西に向かって、幅１００メートルほどの空洞が約50キロにわたって続いていることがわかったのです。

内部は崩壊しておらず、地中の岩石などに氷や水が存在する可能性もあるそうです。全長約50キロにもおよぶ長大なスペースは、月の表側にある「マリウス丘」と呼ばれる領域に位置しています。

将来、月の有人探査でこの空洞を基地に利用できれば、宇宙放射線や厳しい温度環境の影響を和らげることができ、氷や水を燃料などに活用できる可能性があります

すでにアメリカ政府も、人類が太陽系内外の宇宙の有人探査に繰り出すときは、その拠点を月に築くほうが効率がよいとの方針を固めています。

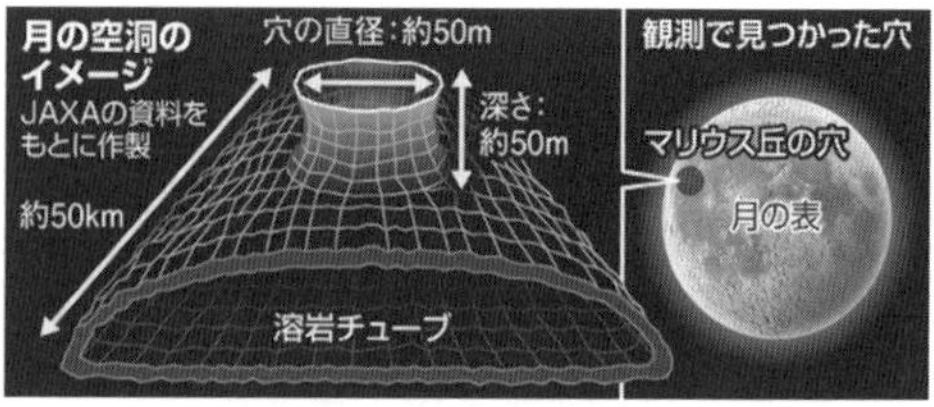

月面の「マリウス丘」で発見された巨大な地下空洞
（『朝日新聞』2017年10月18日付）

JAXAの「月面地下の空洞」発見によって、火星の有人探査をはじめ人類の宇宙進出にとって、一段と新しい展望が開けてきたといえるのです。

そこで、月面の「マリウス丘」の地下にある長大な空洞内を活用し、優先的に人類の避難施設を建造することを提案します。

月の地下には、まだこのような空洞が多く存在するといわれています。「月空洞説」はもはや常識だそうです。

過去の調査によれば、地球の平均密度5・5グラム／立方センチメートルに対して、月の平均密度は3・34グラム／立方センチメートルです。これは地球型天体としては不自然なほど軽いそうです。

また、1969年にNASAが行なった月震（月の地震）調査では、振動が1時間も続いたという記録が残されています。

NASAの研究者によれば、「月は巨大な鐘のように振動しただけでなく、まるで中に油圧ダンパーが入っているように全体的に揺れた」とのことです。こうした数々の科学的データが、月の「中空構造」を示唆しています。

さらに２０１８年８月21日、アメリカ・ハワイ大学やブラウン大学の研究者たちにより、月面の極域に水が氷の状態で存在する証拠が観測されました。氷は地表数ミリの深さにあるとのことです。

そうした事実は、２００８年から２００９年の間に運用されていたインドの月周回機「チャンドラヤーン１号」に搭載された、ＮＡＳＡのレーダー「Ｍ３」が取得した観測データの分析に基づいています。

氷が観測されたのは、極域のクレーター内にある「永久影」と呼ばれる、常に日陰となる領域でした。

この領域の内部はマイナス約１７０℃に保たれており、真空でも水が蒸発しない「コールド・トラップ」と呼ばれています。

その中に氷が存在する可能性は、以前から指摘されていました。水の存在は将来、月に降り立つ宇宙飛行士の生活用水になるだけでなく、水素と酸素に分解することでロケットや探査機などの燃料としても活用できます。

その他、月にはアルミニウムやチタン、鉄、水素、酸素といった資源があることがわかっており、「理想の核融合燃料」といわれるヘリウム3も存在しています。将来的には、月はきわめて重要な資源の供給源となる可能性があるのです。

実際に月の資源を利用するためには、月面に拠点となる基地を作る必要がありますが、人間が滞在するとなれば水は必須です。

その水が採掘する必要もなく、月の表面にあるとなれば、月面移住のハードルがぐっと低くなります。

月は人類にとって身近な存在であり、アポロ計画でも証明されたように、現在の科学技術でも人類が移動することが可能な天体です。

だからこそ、多くの月の地下空洞を利用し、人類の避難施設である「宇宙版ノアの方舟」と、人類の火星移住計画や宇宙探査のための足がかりとなる基地を建造するべきではないでしょうか。

人類が宇宙に進出し、太陽系の隅々まで有人探査・旅行が実現されれば、広大な銀河宇宙を背景にして浮かんでいる、あまりにも小さくて、脆く、青色に輝いている美しいガラス玉のような地球を見た人々は、今から2000年以上も前に地上へ降り立ったある人物による、次の言葉の意味が初めて理解できるのかもしれません。

「あなたがたはみな兄弟なのだから、争いはやめて互いに愛し合いなさい」

「原発と核兵器のない未来」と「火星パラテラフォーミング計画」は実現可能でしょうか？
答えは「あなたがた人類しだい」なのです。

終わりに――火星からの啓示

そう遠くない未来に、人類は「移動可能な居住施設の建造」を実現させていると思います。その理由ですが、地球上の一定の場所に永住することがどれほど危険をともなうのか、過去のデータからそのリスクをすでに学んでいるからです。

「地球上には絶対安全な場所などどこにも存在しない」という事実を未来の人類は知っているのです。

未来の人類は、あらゆる自然災害の猛威から逃れるために、安全な場所まで移動（避難）できる「居住施設」を建造しているでしょう。

さらに小天体との衝突など、宇宙規模の災害に見舞われたり、核戦争や原発事故などによって地球上の居住が不可能となった場合に備え、一時的に宇宙空間へ避難できる居住施設も建造しているかもしれません。

人類が滅亡せず、このまま科学文明が進歩していけば十分にあり得る話です。

２７１頁の写真をよく見てください。

白く光る人工高層建造物群のようなものが、地平線上に映っています。

これはSF話ではありません。

この画像は、NASAの「MARSキュリオシティ」が撮影した火星の地上風景であり、地球上の風景を映した画像ではありません。

画像には、NASAが消し忘れたのであろう「光るシティ」(私が勝手に名づけたもの)が写っていました。

2014年4月下旬、私はこの画像をパソコンから偶然発見し、すぐにプリントアウトしました。

それは、過去に民放のバラエティー番組で放映していた『未来都市ディズニー』を連想させる信じられない光景であり、しばし呆然としてしまいました。

当時、私はオカルト誌の『ムー』や『週刊現代』、『週刊プレイボーイ』などの各編集部に電話で概要を説明し、画像のコピーを郵送しました。

『ムー』は、この手の情報は喜んで取り上げるかと思われましたが、一週間ほど画像のコピーを調査させてほしい、この「光る謎の人工高層建造物群らしき物体」の正体が解明した後、私に連絡するとのことでした。

それから一週間経過しましたが、私が再度電話したところ、担当編集者が電話口で応対し、「画像のコピーを見る限り、何か光る物が写っていることは間違いないのですが、それが何なのか、直接パソコンから確認しないとわかりませんね……」

と歯切れのわるい回答をしました。

画像のコピーを『ムー』に郵送してから一週間経っていたので、画像はすでにNASAによって消去され、担当編集者はパソコンで確認できなかったのです。『ムー』がすぐにパソコンで確認しなかったことが悔やまれます。

『週刊現代』の記者は、『ムー』の調査結果がわかりしだい連絡してほしいとコメントしました。

『週刊プレイボーイ』の記者は、私が電話で情報を提供するとすぐにNASAの画像をパソコンで確認したため、はっきりと「光るシティ」を現認できたようで、

「うわあ、何だ、これ! 白く光るビル群のような建物が見えますし、高速道路のようなものまで映ってますよ。間違いなく火星の地表には人工の構造物が存在していますね。きちんと調査して、結果がわかりしだい連絡してください」

と電話口で興奮していたことを覚えています。

NASAの「MARSキュリオシティ」が撮影した火星の地上風景。画像は、プリントアウトしたものを携帯カメラで撮影してPCに送信し、データ化してさらにプリントアウトしたため、かなり不鮮明。

実際、パソコンの画像では、「光るシティ」とシティをつなぐ「チューブ状の大きな道路」らしき構造物や、さらにシティを覆っている透明な「ドーム状の構造物」までが見えていたのです。

結局、この画像については忘れ去られてしまいました。

当時、私や前述の記者らが画像を調べはじめた5月上旬ごろ、NASAは突然、画像を消去しました。

実は、まだ画像が消去される前、画像が掲載されていたNASAのコメント欄に、私が「光るシティ」について質問したところ、NASAのコメント回答欄では、「光る都市が火星上にあったとしたら、われわれはそのような場所には探査衛星など着陸させない。笑い話だ」というような返信コメントが掲載され、私のコメントを否定した経緯がありました。

今思うと、ちょっとおかしな話です。私ごとき「日本の一民間人のコメント」に対して、NASAの関係者が直接反論のコメントをし、画像とコメント欄をなぜか急に消去してしまったのです。

その後、この画像については誰も閲覧することができなくなりましたが、果たして画像に映っていた謎の人工建造物らしき物体は何だったのでしょうか。

「光るシティ」の画像は、『週刊プレイボーイ』の記者もパソコンではっきりと確認していたことから、私のパソコンが故障していたとか、私の作り話ではないことが証明できます。

「MARSキュリオシティ」が着陸した周辺に、「謎の光るシティ＝人工高層建造物群」らしき物体が存在していたのは間違いないのです。

ただ、「光るシティ」はすでに移動したのか、その後はMARSキュリオシティやほかの火星探査衛星からは確認されていません。

私が推測するに、謎の「光るシティ」は、私がこれまで述べてきたような「移動可能な居住施設」や、「銀河宇宙空間航行用の宇宙船」を兼ね備えた「銀河宇宙版ノアの方舟」だったのではないでしょうか。

そうであれば当然、人類が建造したものではありません。十数億年以上も前から地球に訪れているといわれる、人類の科学文明をはるかに凌駕する地球外知的生命体が作ったものかもしれません。

全宇宙（直径が約450億光年）では、銀河宇宙が2000億個以上も存在しているそうですが、その広大な宇宙空間で、地球人類だけが唯一の知的生命体だというには無理があります。

天文学を少しでも学べば理解できることですが、銀河系内外の宇宙空間において、地球のような惑星上に生命が存在したとしても、あらゆる天文学的なスケールの災害などによって、生命が惑星上に永遠に生存していくことは不可能です。

たとえば隕石の落下、小天体との衝突、母星（恒星）の爆発、近隣の恒星の爆発による有害宇宙線放射などで、惑星上の生物は死滅する可能性が大いにあるのです。

それでも、惑星上で究極の進化を遂げた知的生命体の一部の種族が、彼らの科学技術によって宇宙空間、あるいは地球や火星のような他の恒星系の惑星上に、移動（避難）できる「居住施設」を建造することはできるでしょう。

滅亡を免れた彼らが、十数億年以上も前に太陽系へ移住してきたことも大いにあり得ます。私はもしかしたら、そのような火星上の「移動可能なETのシティ」の画像を見てしまったのかもしれません。

そして、そのことを証明するかのように、「探査機がとらえた火星の画像には、遠景にビル群が映っていた」とする報道記事が舞い込んできました。

やはり火星上の「光るシティ」は、私の錯覚や妄想ではなかったようです。さっそく、記事から一部を引用して紹介します。

火星に関するさまざまな動画を投稿しているYouTubeチャンネル『Mars Anomalies and Beyond』ですが、探査機による画像を編集していたところ、火星の遠景に都市のような構造や、車両に似た特徴があるいくつかの証拠を割り出すことができたとして、2018年10月14日に動画がアップされ、ネットで炎上するなど世界中の火星研究家たちから注目を集めました。

動画の画像や記事などをすぐに閲覧しましたが、私がかつて見た「火星上の光る人工構造物」に酷似していました。

次頁の写真は探査機がとらえた画像ですが、動画では地平線の彼方にビル群のようなものが映っているのが確認できました。

動画の投稿者は、NASAが画像を加工し、フィルターの向こうに実在している都市を隠しているのだと主張しているとのことです。私の経験からもそれは事実だと断言できます。

動画に映っているものは隠された都市なのか、それとも単なるノイズにすぎないのか、その真相については、火星有人探査計画が成功したときに明らかになるでしょう。

そして私たちは、その日から「銀河系同胞」として迎え入れられることになるのかもしれません。

今回、私が過去に偶然発見したNASAの消し忘れ画像の「あり得ない火星上の人工建造物」から突然、「移動可能な居住施設」といったインスピレーションがひらめきました。

私は、そのことを地球人類への「火星上の知性からの啓示」ととらえ、終末的災害発生時の避難施設である「現代・宇宙版ノアの方舟」の建造構想について、地球のみなさまにご提案させていただいたしだいであります。

探査機が捉えた火星地表上のビル群。
『MARS ANOMALIES and BEYOND』より。

本文の註釈

註1　ウィキリークス

ジュリアン・アサンジ氏によって創設され、2007年に発表されたウェブサイト。匿名の投稿により、成否や企業、宗教団体などの機密情報を公開している。

註2　特別警報

2013年8月30日、気象庁は「特別警報」の運用を開始し、警報の発表基準をはるかに超える大雨や大津波などが予想され、重大な災害の起こる恐れが著しく高まっている場合、「特別警報」を発表し、最大級の警戒を呼びかけている。

これまで、1万8000人以上の死者・行方不明者を出した東日本大震災における大津波や、5000人以上の死者・行方不明者を出した「伊勢湾台風」の高潮、100人近い死者・行方不明者を出した「平成23年台風第12号」の大雨などが該当している。

註3　激甚災害

被災地域や被災者に国による財政援助を必要とする災害のこと。これまで激甚災害に指定されたものとして、1995年の阪神淡路大震災、2004年の新潟県中越地震、2007年の台風5号による暴風雨災害、2011年の東日本大震災などがある。

註4　火災旋風

火災よって発生した竜巻状の炎のことで、地震や空襲などによる都市部の広範囲の火災や、山火事などによって炎をともなう旋風が発生し、さらに大きな被害をもたらす現象のこと。旋風の発生条件や発生メカニズムについては未解明。

註5　インプラント堤防

国際圧入学会がインプラント構造を推進している。躯体部と基礎部が一体となった許容構造部材を地盤に挿し込み、「許容構造部材の大きさ」と「地盤への貫入深さ」で水平荷重や鉛直荷重を受け止める構造で、許容構造部材の一本一本が地球に支えられ、集合体として高い耐力を発揮するとしている。（技研製作所のＨＰより）

註6　カーボンナノチューブ（ＣＮＴ）

中空円筒の構造をした炭素の結晶で、直径０・７〜70ナノメートル（髪の毛の約数万分の１〜数百万分の１。１ナノメートルは１ミリの１００万分の１）、長さが数十ナノメートル以下のチューブ形状の物質。

アルミニウムの半分の軽さ、鋼鉄の20倍の強度（繊維方向の引っ張り強度ではダイヤモンドを凌駕）と非常にしなやかな弾性力を持つため、軌道エレベーター（宇宙エレベーター）を建造するときにロープの素材に使うことができると期待されている。

註7　長尺カーボンナノチューブ

基板上に結晶成長するＣＮＴの大量合成技術の開発を行なう中において、ＣＮＴは触媒を塗布した６インチシリコンウエハを不活性ガス雰囲気で昇温した後、所定の温度で炭化水素ガスを供給する熱CVD法で製造する。基板の上にCNTを成長させる製造法は、CNTの長さと直径が均一で、かつ50qm以上の長尺カーボンナノチューブが製造できることが特徴である。（大陽日酸産業ガス事業本部のHPより）

註8　フォン・ブラウン博士

ヴェルナー（ヴェルンヘル）・マグヌス・マクシミリアン・フライヘル（男爵）・フォン・ブラウン（1912年3月23日〜1977年6月16日）は、工学者であり、ロケット技術開発の最初期における最重要指導者のひとりである。

第二次世界大戦後にドイツからアメリカ合衆国に移住し、研究活動を行なった。旧ソ連のセルゲイ・コロリョフとともに米ソの宇宙開発競争の代名詞的な人物である

註9　ゼロポイント・エネルギー

ゼロ点エネルギーともいう。絶対零度においても原子が不確定性原理のために静止せず、一定の振動をするエネルギー。量子力学の系におけるもっとも低いエネルギーのこと。

註10　ポール・ラビオレット博士

反重力、物質透明化、UFO原理の研究者。物タウンゼント‐ブラウンによって発見された電気重力結合現象を説明し、本書でも紹介したB‐2爆撃機で利用される高度な航空宇宙推進技術を理論づけるともいわれる。

註11　B‐B効果

ビーフェルド‐ブラウン効果。トーマス・タウンゼント・ブラウンが発見し、ポール・アルフレッド・ビーフェルドが共同で発表した現象。負電荷に帯電した物質は正電荷に帯電した物体に引きつけられる。

註12　……「ひらめいて」いただきたい……

以下、『ディスクロージャー：軍と政府の証人たちにより暴露された現代史における最大の秘密』（スティーブン・M・グリア編著／廣瀬保雄訳／ナチュラルスピリット）より引用。

恒星間宇宙を迅速に移動する技術には、超光速通信を可能にする物理学の理解も含まれるであろう。この技術は、宇宙探索および宇宙植民の両方にとって必要である。だから、われわれの太陽系や地球を訪れているどのような進化した文明も、故郷惑星との間で、瞬間的ではないにしてもリアルタイムに近い通信を行なう能力を持っていないと考えるのは、筋が通らない。

SLC（超光速通信）は、ウィキペディア記事の中で横柄にもこう述べられているように、一部の研究者により不可能だと考えられている。「科学によりこのような通信は不可能だと考えられているため、カテゴリーの大部分の論文は架空の創作である」と。

この考え方が優勢であるにもかかわらず、超光速通信の可能性をきわめて慎重に考察している多くの人々がいる。これが理論的に可能であることを、われわれの一部の先進的物理学が発見しているのである。

宇宙探索および宇宙植民のために必要な技術を述べた論文の中で、ローダー博士はSLCの可能性に関する最近の科学論文について概説している。

ワンらは10年以上前に、FTL（光よりも速い）現象があることを実証し、現在の科学者たちから不可能と分類されている、まったく新しい科学的現象の分野が生まれる可能性を示唆した。

クラマーはFTL通信の可能性について論じ、ロドリゲスはこのテーマに関する幾つかの参考文献リストを作成した。ビールデンは手紙の中で、多くの文献を引用しながら、通常のスカラー・ポテンシャルが超光速通信その他の基礎であると述べた。ビールデンはまた、すでにケルン大学で行なわれたSLC実証実験についても述べている。

ニュー・サイエンティスト誌（著者不明 2002）の報告によれば、「ミドルテネシー州立大学の科学者たちが、わずか500ドルの市販装置を用い、120メートル余りの距離において「あの速度限界を破った」。これらの初期研究が実用的なSLC技術をもたらすものなのかどうか、現時点では不明である。

しかし、これははじまりにすぎない。これらの初期実験は、その大部分が現在理解されている物理学を用いているが、ET技術はすでにそれを超えたところにあるからである。

ETがSLC問題を解決していることは明らかなので、われわれの理解を発展させるために彼らの支援を受けることは、当然ながらきわめて有益であろう。またその結果、物理学に対するわれわれの今日的理解を抜本的に見直すことになる可能性が高い。その理由は、SLCのために心と意識を高度に利用することが、おそらくETの通信方法である。

詰まるところ、エルウィン・シュレディンガーが1927年に述べたように、「多様性とは見かけにすぎず、実際には 一体化した心があるのみ…」、「量子力学は、このようにして宇宙が基本的に統一体であることを明らかにした」のである。

この「一体化した心」へのアクセスが、「遠隔透視者」についての報告を説明する助けになる。基本的に彼らは、はるか遠くの物体を時間の遅れなしにリアルタイムで見るのである。

一方、パソフは遠隔視がどのような仕組みで機能するかについて、それが「多次元的な付加的次元」または量子もつれのある側面に関係するかもしれないとしつつも、今自分にいえることは、「私はそれを解明する糸口をつかんでいない」ということだと述べている。

「一体化した心」へのアクセスは、闇のプロジェクトの中で利用されていると報告された。CAT（意識の力を借りた技術）により、さらに増強される。ETによるCATの利用が、ベル研究所の科学者により報告された。

この科学者は1960年代に、それを調べて逆行分析するために、グレープフルーツほどの大きさを持つ1個のET交信装置を渡された。その装置は心の中で彼と交信し、こう告げた。「それを複製したいと思っている人々は内心悪意を持っているので、科学者はそれを破壊すべきだ」と。

ET通信における心の利用については、元空軍軍曹ダン・シャーマンがその著書『Above Black』の中で報告している。同書には、シャーマンがある計画の中で「直観通信員」として広範囲な訓練を受けたこと、その計画は1960年代初めに胎児に対する遺伝子操作から始まったこと、彼が関わったのは1990年代の数年間であったことが述べられている。

彼がさまざまなETとの間で行なった交信の大部分は、数字の羅列を繰り返し記録することだった。そのことを彼は律儀に述べている。しかし彼はさらに経験を積むことにより、より高い「次元」で交信できるようになった。彼は質問を発し、その答を受け取り、視覚イメージを受け取った。ETたちは驚き、人類がこのような高い次元で交信することを予想していなかったと述べた。

約20年間に行なわれたほぼ100回のCSETI（地球外知性体研究センター）トレーニング中に、ETがCSETIメンバーとさまざまな方法で交信したのをわれわれは目撃している。これらの交信現象がグリアにより簡潔に記述された。

それから10年後に、CSETIチームの主要メンバーが自ら目撃し体験したことを一冊の本に編集した。これは彼らとETとの間の驚くべき交信の記録である。

前述したように、ETは人々と交信するために多くの方法を用いるが、しばしば交信者の心の状態、また実に意識レベルが、交信を成功させるために重要な役割を果たす。

例を挙げると、1999年にカリフォルニア州シャスタ山の近くでトレーニングに参加していたCSETIグループが、地球の平和を祈る瞑想ガイドを聴きながら瞑想していた。このとき誰の目も閉じられていた。

突然、トレーニングをしていたメンバーの一人アル・ダナウェイが、頭の中ではっきりと声を聞いた。その声は、彼に上を見上げるようにと告げていた。彼が上を見上げると、巨大な三角形宇宙機がまさに頭上を通過していた。

この時点で瞑想は中断され、誰もがその宇宙機を見た。それはビデオテープにも撮られた。その宇宙機は同じ週にさらに2回目撃された。これは、CSETIトレーニング中に起きた数千回の心による交信のうちの1例にすぎない。

余談であるが、**SETI（地球外知性体探査）と呼ばれる計画が、ETと交信するための間違った技術であり、巨大電波望遠鏡やコンピューターシステムに数百万ドルを費やし、まったく見当違いのことをしている。ETは光速度に制限された技術を利用していない。それは、あまりにも遅い。**

SETIは偽情報、誤情報を流すことを目的としたものである可能性が高い。彼らによると、信号は受信されていない。「だから何者もそこにはいない」のだと。事実を言えば、彼らは何回か信号を受信したことがあるが、それを一般には知らせてこなかった。

全面公開が起き、**ETの交信方法について人々や科学者が疑問を持ち始めると、この知識の一部は明らかになる。しかし、それを本当に知るためには、心、意識、現実、および宇宙の性質についての深い理解が必要である。**「硬直的な科学界が容易に受け入れられるようなものではない」。

これは闇のプロジェクトの中では多少理解されている。しかしそれが完全に理解され、一般の科学界に受け入れられるまでには、しばらく時間がかかるであろう。

これらの通信技術が、ビールデンにより述べられたスカラー・ポテンシャルまたは量子ポテンシャルに関係するのか、それともパソフが言及した何か別の現象に関係するのかについては、もう少し先まで待たなければならない。

以上、太字部分が「ひらめき」と「発信元」についてのヒントです。ちょっと専門的になりますが、もう少し具体的に述べてみます。

神聖なる愛の光と智慧の便り（ひらめき）を考察

「超知性＝神か異星人あるいは高次元時空の未知の存在」からのメッセージを考察する上で、次の三つの科学的アプローチが必要です。

1　相対性理論および天文学

2　分子生物学および進化論

3　理論物理学および深層心理学

1からアプローチしていきましょう。

難解な方程式などは読み飛ばしてください。概要が理解できるように記述します。まずは、「宇宙（私たちが存在している4次元時空＝3次元空間に時間をプラスした時空）」の概要について紹介しましょう。

私たちが存在しているこの宇宙は、誕生して137億年といわれています。現在の観測可能な宇宙は、直径が約450億光年（1光年＝光が1年かかって進む距離＝約10兆キロ）だそうで、その広大な宇宙空間には約2000億個以上の銀河がまるでクモの巣のようにまだらに分布しています。

また、宇宙全体が等方的に（どの銀河空間から観測したとしても）膨張を続けていることが観測によって明らかにされています。

全宇宙がクモの巣のように分布している理由は、重力により物質同士を引き寄せることで、宇宙空間に密度が高い部分と低い部分を作り出し、現在見られるまだらな姿を形成したからだそうです。

実は、宇宙とは未知の莫大なエネルギーが物質に変化した3次元時空なのです。

つまり、「ビッグバンの前に巨大な膨張する空間があり、そこから私たちの宇宙やほかの宇宙が生まれてきた」のです。

空間とは、アインシュタイン博士の特殊相対性理論によればエネルギーです。般若心経でいうところの「色即是空・空即是色」ですね。つまり、$E = mc^2$ です。エネルギー＝質量×光速度の2乗、のことです。これは質量とエネルギーの等価性を表わす関係式です。

簡潔に述べますと、特殊相対性理論では、「物理法則はすべての慣性系で同一である」という特殊相対性原理と、「真空中の光の速度はすべての慣性系で等しい」という光速度一定の原理を満たすことを出発点として構築され、結果として空間3次元と時間1次元を合わせて4次元時空としてとらえる力学です。

運動量ベクトルは、第0成分にエネルギー成分を持つ4次元運動量 $p\mu$（または p）として扱われ、運動方程式は、

$$\frac{d}{d\tau} p^\mu = F^\mu$$

と拡張されます。4元運動量の保存則から、エネルギーは次のように表わされます。

$$E^2 = m_0^2c^4 + p^2c^2 = \left(\frac{m_0}{\sqrt{1-\beta^2}}\right)^2 c^4$$

ただし m0 は静止質量です。物体が運動していない場合、つまり p = 0 の場合のエネルギーを表わす式は、E = mc^2 です。物体が運動している場合、相対論効果によって以下のように質量が増えます。

$$m = \frac{m_0}{\sqrt{1-\beta^2}}$$

したがって、物体が運動している場合にも、

$$E = mc^2$$

が成り立ちます。

余談ですが、この関係式で、質量1キログラムをエネルギーに変換すると、光速度C = 299792458m/s であることから、次のようになります。

8.9875517873681764 × 1016 J と等価
2.4965421632 × 1010kWh と等価
21.48076431Mt の TNT の熱量と等価

ちなみに、広島に投下された原子爆弾で核分裂を起こしたのは、爆弾に詰められていたウラン235（約50キログラム）ですが、実際に消えた質量は0・7g程度だったと推測されています。

一方、反物質が通常の物質と対《つい》消滅反応すれば、その質量が100％エネルギー変換されるため、核反応とは比較にならない莫大なエネルギーが発生します。

逆に、対生成で物質や反物質を得るには、それだけの莫大なエネルギーを要することになるのです。つまり、「物質（反物質も含む）宇宙」とは、もともと「莫大なエネルギーの化身」なのです。

私たちの「物質宇宙」が、このような形態で存在している理由（数式）を説明しましょう。
それは、ひと口にいえば、光速度が秒速30万キロだからなのです。

$$k = \frac{8\pi G}{c^4} = 2.076\,578\,991\,855\,740\,86 \times 10^{-43}\, m^{-1} \cdot kg^{-1} \cdot s^2$$

この数式は、アインシュタインが考え出した一般相対性理論の重力場方程式、「$G\mu\nu+\Lambda g\mu\nu=\kappa T\mu\nu$」における定数・係数です。「アインシュタインの重力定数」のことであり、ここではカッパ：kが重力定数であり、πは円周率、Gは万有引力定数（2014CODATA推奨値で6.67408（31）×10−11 m^3／（s^2・kg））、cは光速（同じく2014CODATA推奨値で2.99792458×108m/s）です。また、c＝1とする単位系を用いて、k＝8πGとする場合もあります。

実は、このややこしい数式＝重力定数が大変重要なのです。

仮に、光速度が秒速20万キロか、あるいは50万キロだったとしたら、重力定数（k：カッパ）も違った数値になってしまい、現在のような形態の物質宇宙は存在しません。「フニャフニャ」か、または「物質にならない」宇宙空間（?）が誕生してしまい、したがって地球や人類など存在しなかったのです。

光速度が絶妙に秒速30万キロ（正確には「2.99792458 × 108m/s」）だからこそ、私たちの宇宙が存在し、地球や人類もこうして存在しているのです。

さらに後述しますが、地球上の生命誕生については、偶然発生することなど不可能であり、進化論などでは到底説明できません。

理論物理学および天文学で証明、この世はミステリー現象

私たちが住んでいる宇宙において、物質や生命は実に不思議な現象のようです。

物質は原子で構成され、原子は原子核と電子に分類されます。原子核は陽子と中性子で結合されています。さらに陽子や電子などは素粒子です。

その素粒子ですが、ビッグバンと呼ばれる宇宙創世初期に、最近話題になった「ヒッグス粒子」なども含め15種類の素粒子が誕生しました。

また、光速度が秒速30万キロでないと、先述のとおり、私たちの住む宇宙が存在できなかったのです。

先般、「光速度を超えたニュートリノ素粒子」が発見されたと各メディアで報道された当初から、私はその報道内容に懐疑的でした。

もし、その発見が事実ならば、私たちの住む宇宙や物質そのものが成立できなくなってしまうからです。

しかし逆にいえば、重力定数の数値が示すとおり、光速度が秒速30万キロメートル（真空中の速度）だからこそ、私たちの体などの物質や宇宙全体が現在の状態でいられるのです。

このような偶然が果たしてあり得るのでしょうか。

日頃、私たちの住んでいる宇宙は当たり前に存在していると思われがちですが、実はアインシュタインの重力定数が示すとおり、光速度が30万キロという絶妙の数値でこの世は成り立っているのであり、私たちの住む物質宇宙の存在は奇跡的な現象であると認識を改めなくてはならないのです。

宇宙の誕生や生命と進化、心（意識）の問題を現代科学で解明しようとしても無理があります。

そこで近年、「インテリジェント・デザイン理論」（宇宙は超知性によってデザインされたという理論）なるものが登場しました。

しかし、故ホーキング博士などの唯物科学論者たちは、この理論に否定的です。あくまでも、「宇宙や人類は偶発的に誕生した」の一点張りです。

彼らは「目に見える、存在している世界だけ」をひたすら追求してきたのですから、当然の帰結でしょう。彼らに「神は必要ない」のです。

いかがですか?

1からアプローチしてみると、私たちの物質宇宙が決して偶然に発生したものではないことが、アインシュタインの重力定数という絶妙な数式からも理解できると思います。

次に、2からアプローチしてみましょう。

分子生物学は、生命とは分子を部品とする機械と見なしています。

地球生物の部品の中でも、特に重要な化合物は核酸とタンパク質であり、これらはさらに小さな化合物が集まってできた巨大分子です。

核酸は塩基と呼ぶ4種の化合物、リボースまたはデオキシリボースとよぶ糖の1種、それにリン酸がいくつも連なった化合物です。タンパク質は20種のアミノ酸がさまざまに連なった化合物です。

太古の地球上では、メタンとか二酸化炭素、水蒸気に放電とか宇宙線のエネルギーが当たって自然に反応が起こり、その結果、アミノ酸、糖、塩基といった化合物ができたといいます。

これらの化合物は当時の海に溶け、海はまるで栄養豊かなスープのようだったと考えられています。海の中ではアミノ酸同士が互いに連結する反応が起こり、タンパク質に似た化合物ができました。

同じように、塩基や糖はすでに海の中に溶けていたリン酸と反応して、核酸に似た化合物へと成長していきました。

やがて、アミノ酸に似た化合物と核酸に似た化合物がうまく組み合って、子孫を残す能力、外界から物質を栄養として取り込み、そこからエネルギーを引き出す能力を持った最初の生命が生まれてきたといいます。

そして、そのときから生物進化がはじまり、何十億年かの後にヒトが出現したということのようです。

以上ですが、実は生物学者たちの説明によりますと、原始的単細胞が集合して下等生物が誕生するということは、ゴミ捨て場に置いてある金属片の屑が竜巻などで上空に巻き上げられて、偶然ジャンボジェット機になって空を飛んだことに匹敵するそうです。

さらに、地球上で唯一文明社会を築いた知的生命体である「人類」の発生確率などは、数千兆分の1以下だといわれています。

よく考えればわかりますが、死の間際に「臨死体験」できるほどの脳機能を持った生物＝人類の誕生は、まさに奇跡的な一大イベントであり、とても偶然に発生できるはずがないのです。

「超知性」の存在

ダーウィンの進化論によると、すべての事象は方向性をまったく持たない自然由来の原因が、偶然に、そしてときとして必然に、自然界のすべてを形成してきたと考えられています。

しかし、現代科学ではもはやダーヴィンの進化論でいうところの突然変異や自然淘汰という『偶然』の積み重ねだけでは、森羅万象のすべてを解き明かせないのです。また、ダーヴィンの進化論だけでは、生命の複雑な構造についても説明できません。

近年、生物の進化はあまりにも複雑でデリケートであり、進化論という唯一の「仮説」だけでは、とても説明しきれるものではないと考える科学者の数が多くなってきているそうです。

生物の由来とは、何らかの知的意図が太古の時代から何世紀も存在し、地球上の生物の創造および進化に影響を与えてきたことにあるのではないでしょうか。

そして、生命や人類の誕生とは、「超知性」による定められたプログラムだったのではないかと類推されます。

最後に、3からアプローチしてみましょう。

物質と宇宙、生命と霊魂について、理論物理学に深層心理学を融合させて検証しました。

現代物理学を支える二大理論は相対性理論と量子論です。量子論はその革新性と有用性において、相対性理論を凌ぐといわれています。

そして、量子論は「ミクロの世界の不思議なルールを解明した理論」です。実用性に富んだ理論であり、パソコンや携帯電話をはじめとするハイテク機器の心臓部であるＬＳＩなど、半導体部品の原理は量子論の上に成り立っています。

また、近年話題になっているナノテクノロジーは、量子論を応用したミクロの世界の最新技術です。

ドイツの物理学者ハイゼンベルクは、ミクロの世界の物理学である量子論の考え方を「不確定性原理」と表現しました。それによると、「ある物質の位置と速度を測定するとき、両者を同時に測定することはできず、避けられない曖昧さが残る」

「自然現象に絶対はなく、その本質は曖昧でいいかげんなもの。自然をあるがままの状態で観察することはできない」

と断じています。

量子論が示す物質観、自然観の特徴をデンマークの物理学者ボーアは、「相補性」という言葉で説明しました。

相反する二つの事物が互いに補い合って、一つの事物や世界を形成しているという考え方です。

たとえば、物質は粒と波というまったく異なる性質を併せ持っています。これが相補性です。前述した不確定性原理も相補性です。

また、不確定生原理によるとミクロの世界では「ゆらぎ」があるといいます。ゆらぎがあるということは、エネルギーを一定にすることはできないということです。

つまり、すべての物質を取り除いた空間も、そこに存在するエネルギーの量はゼロという一定値にはならないということになります。

真空のエネルギーとは、いわばそこに空間があるだけで必ず存在するのです。

これは近年、その存在が確認された未知のエネルギーである「ダークエネルギー」の性質ともよく一致しています。

現在の宇宙は、ダークエネルギーが73％、ダークマターが23％、物質が4％の比率で存在しているといいます。

このように、私たちの住む物質宇宙の実態とは実にミステリーなのです。

物質宇宙と重なり合う別の世界の存在を証明

相対性理論は、私たちの住む縦、横、高さの三つの方向を持つ3次元空間を前提にして作られています。

しかし物理学の世界では、空間には第4の方向、第5の方向……というように、もっと多くの方向（次元）があるかも知れないと考えられています。

素粒子物理学や宇宙論においては、3次元よりも高次の空間を考えないと説明できない現象があるからだそうです。

現在、空間には9ないしは10の方向があるとする仮説が提唱されています。そうした高次元空間の中で、薄っぺらい「膜」のような状態で存在しているのが私たちの3次元宇宙らしいのです。

これを「ブレーン宇宙論」といいます。

仮に、このような高次元空間が存在するのであれば、3次元空間しか想定していない相対性理論の方程式に高次元空間の性質を加えるような修正が必要です。つまり、私たちが住んでいる物質世界の従来の概念も根本的に変えねばならないのです。

量子力学の父といわれるボーアは、「この世」が唯一の世界だという私たちの考えそのものが間違っているのでは？　と示唆し、私たちが体験している「この世」は、多くの異空間が混じり合って互いに干渉しているのだと主張しています。

私たちが一つの世界しか認識できないのは、別の世界が介在しているという可能性を、私たちが意識を介入させることによって消し去っているからであるとボーアはいいます。

量子力学の実験によって、私たちが生きている空間の中にはボーアのいうように、漠然と重なり合っている二つ以上の世界が存在するという可能性を信じなければならなくなってきたのです。

これはスウェデンボルグがいう、「霊界ではあらゆるものが意識を有しており、特に人の意識が強く干渉し合っており、〝この世〟も一種の霊界で、すべての霊界が染み込んでいる」との主張とも一致します。

つまり、「この世」のミクロ界には、「霊界」（あの世）が染み出ているということになるのです。

結論

銀河系内・外宇宙において、私たちの想像をはるかに超えて存在している「超知性」によって、各銀河宇宙内の主系列星系の公転軌道上を周回する地球型惑星に、人類などの炭素系生命体が何らかの目的のために創造されたようです。

こうした考えは、近年、人類誕生についての新たな理論として、「インテリジェント・デザイン論」といわれています。人類は「超知性」によってデザインされて創造されたという理論です。

インテリジェント・デザイン論は、「聖書」を根拠としたキリスト教徒などの「創造論」とはまったく異なり、「進化論」に疑念を抱いた科学者たちによる新たな理論です。

要するに、生命とは単なる有機化合物がうまく組み合わさって偶然に発生したのではなく、人知を超えた神的な「超知性」による創造という、超越的なシンクロニシティ現象だというのです。

「超知性」は物質世界(宇宙)を創造し、そこに未知のエネルギーを注入するなどして多種多様な生物を発生させ、各生物が環境に応じて進化してきました。

先般、魂の存在が量子力学的に解明されたそうです。

人間の脳は「量子コンピューター」といわれ、肉体の死後、意識・意志は魂として存在し、魂と呼ばれる未知の生命エネルギーは宇宙空間に拡散され、最終的に集合的魂に同化するといいます。

量子コンピューターでは、「量子もつれ」と呼ばれる過程を利用して情報が伝達されるといいます。

この「量子もつれ」は、二つの粒子が何の媒介もなしに同期して振舞うという遠隔作用をもたらします。そして実際に、量子テレポーションとして数々の実験が行なわれています。

たとえば、ある場所でニューロンの活動が起きると、空間的にまったく離れた場所でそれに対応した反応が起き、瞬時に情報が伝わっている可能性があるそうです。

これは英国ケンブリッジ大学の理論物理学者であるロジャー・ペンローズ博士と、米国アリゾナ大学麻酔科医師のスチュワート・ハメロフ博士たちによって提唱されている新説です。

人間は、死ぬと肉体的に「無」に帰すけれども、自我・意識を持った魂が宇宙空間に拡散され、未知の生命形態に転化し、「ブレーン宇宙論」でいうような私たちの宇宙と重なって存在する高次元時空に移行するのかもしれません。

そこは、量子論でいうところの真空エネルギーが存在する未知の空間である不可視領域であり、「あの世」と呼ばれている人類の集合的魂の存在する世界ではないかと思われます。

個人の霊魂は、そこで人類の集合的魂に同化されるようです。

「あの世」の各生物種の集合的魂が、「超知性」を介してそれぞれの生物の進化を司っていると解釈すれば、地球上に生息する生物の進化に説明がつきます。

その伝達手段は「テレパシー」であり、生物の進化を司る根源的なもの、それは超知性からテレパシーで送信される「ひらめき」によるものではないかと類推されます。

そして、これらの現象を証明するかのように、コンピューターと脳の融合によってテレパシーが可能になるという情報もあります。

最新の脳科学では脳機能の解析が急速に進んでいます。コンピューター・ネットワークを介したテレパシー、記憶や経験の共有、思い描いたイメージの再現などといった超能力の開発は、すでに研究されているそうです。

2013年8月12日、ワシントン大学で「脳とコンピューターをつなぐ、人工テレパシー」の実験が行なわれました。

同大学のラジェシュ・ラオ教授と、アンドレア・スコット助教授たちは、コンピューターとTMS（経頭蓋磁気刺激法）で用いる電磁石コイルを使って、ふたりの脳が一体となる史上初めての実験に成功したそうです。

この実験で明らかになったのは、人間の脳から「心が漏れている」ということです。脳波が十分に強いか、人間に脳波の増幅機能があれば、言葉を使わずに脳波で自分の意思を相手に伝えたり、逆に相手の頭蓋骨から漏れ出している脳波をキャッチして、相手の意識を読み取ることも可能になるそうです。

また、センサーのついた特殊なヘッドキャップ（235頁参照）を被るだけでも、テレパシーが可能になるということでした。

さらに1990年5月、旧ソ連大使館から各国向けに刊行された「今日のソ連邦」において、テレパシーを裏づける内容の実験結果が公開されました。

一国の大使館が発行する広報誌で発表されたことは、外務省が国家の公的見解を各国に向けて表明することと同じくらいの権威を持ちます。

それもＥＳＰに関する公的な報告であり、しかも「ＩＭＳ（情報管理システム）によって人の有するＥＳＰ能力も確定された！」といい切っているのです

その驚愕すべき内容を要約した文章の一部を紹介します。

「われわれは通常科学の認識に収まらない一連のＥＳＰ現象（超能力・超常現象）を研究することによって、新しい世界観を確立する作業に一歩踏み出した。

実施にあたっては、検証されたデータを出来る限り活用し、短絡的な論理と結論は避けることに努めた。

人間が他人の意識を分析するという能力は唯物的な脳の研究では不可能であり、外部の情報と瞬時に感応する未知の情報構造が存在するという仮説が実験の基礎となった。

その理由は、身体細胞の情報容量（人間の場合5・2×10の9乗ビット）が、身体を機能させるための情報容量（10の23乗から10の25乗ビット）と釣り合っていないことである。

外部情報に瞬時に感応できるＥＳＰ的な情報構造は、現科学の時空プロセスの統一プログラムに従わない人体のメカニズムが必要になる。

このメカニズムは細胞外構造の性質をもち、同時に人間のすべての細胞と瞬時につなが

る情報管理機構「ＩＭＳ」（テレパシーの原質）をもっている。

当チームはその構造を研究することができた。

ＩＭＳは妊娠時に形成され、人が生きているあいだ外部から情報を補充され、肉体が消滅した死後も保存されることが研究と実験によって確かめることができた。

現在、知られている生物構造（ＢＳ）はＩＭＳの3次元的な痕跡で、その一つが脳機能として人間に付与されている形態である。

超能力やテレパシー、ほかの不可解とみなされている多くのＥＳＰ現象が、このＩＭＳの存在によって説明がつく実験や研究も可能で、ＩＭＳによって人の有するＥＳＰ能力も確定された。

これまでの研究でわかったことは、ＩＭＳの情報量は非常に巨大かつ複雑で、宇宙全体を構成する階層的な相関構造を形づくっている。

ＩＭＳの中心と全体構造は無数の宇宙生物のローカル段階から構成されており、結局は宇宙全体の生物と死者の魂を統合している――」


以上です。

それでは最後に、「ひらめき」について私の見解を述べてみます。

「月影のいたらぬ里はなけれども、ながむる人の心にぞすむ」

これは、浄土宗開祖法然（1133年～1212年）の歌です。「月の照らさないところはないが、それを見ようとする心がなければ見ることができない」という意味です。

つまり、「『超知性＝神か異星人あるいは高次元時空の未知の存在』からのメッセージ（神聖なる愛の光と智慧の便り＝ひらめき）は人類に対して常に発信されているが、観ようと（知ろうと）する心、感じようとする心、その資格（知的能力）がなければ、観ることも感じることもできない」と解釈できます。

さらに、「ETたちの交信手段は光速度に制限された技術を利用していない」、「それを本当に知るためには、心、意識、現実、および宇宙の性質についての深い理解が必要である」とスティーブン・M・グリア博士がいうように、「数十光年離れていようが、数万光年離れていたとしても、瞬時に伝達できる通信システム」とは、「テレパシー」を意味しているようです。

ちなみに私は、テレパシーは物質や電波とはまったく別種の「霊波」だととらえています。相対性理論なども通用せず、光速度不変の壁も存在しないことから、無限の速度で数十億光年も先の宇宙の彼方にいる相手に、瞬時に伝達できる究極的な通信手段だと類推します。

心と意識、現実世界と宇宙の特性を結びつけるもの、それはテレパシー以外にはあり得ません。このことを証明したのが、第四章で述べたフィリップ・J・コーソ大佐です。ロズウェル事件で回収されたETの宇宙船の操縦方法は、ETが頭に装着していた特殊なヘアーバンドがETの脳波（意識）を増幅させ、宇宙船の操縦システム（物質）へ直接伝達させるといった究極の操縦方法だったと、コーソ大佐は自著『ペンタゴンの陰謀』で暴露しています。

そして大佐は、後に科学者たちが回収した宇宙船を解析中、このヘアーバンドを米軍のパイロットが装着してETの宇宙船の操縦を試みたそうですが、うまくいかなかったとも述べていました。

まさに地球人類は現段階では、心と意識、現実世界と宇宙の特性を結びつけるまでの知的能力（霊性）が、そのレベルまで達していなかったことが証明されたわけです。

釈尊やイエス・キリストなど、人類の宗教の開祖ともいうべき「聖人」たちは生涯を通じて「超知性」を観ることができ、常に「超知性」からのメッセージを理解し、「超知性」とのコンタクトさえ可能だったようです。

イエス・キリストと「超知性」のコンタクトなどについては、『新約聖書』にそれらしき場面がいくつか記述してあります。

また、釈尊と「超知性」とのコンタクトについても逸話があります。釈尊が祇園精舎におられたとき、容色麗しい「超知性」が近づいて釈尊に礼をして、次のように呼びかけていたといいます。

「多くの神（超知性）と人間とは、幸福を望みながら、幸せを思うています。最上の幸福を説いてください」と。

それは、次の教示でした。

・諸々の愚者に親しまないで、諸々の賢者に親しみ、尊敬すべき人々を尊敬すること〜これがこよなき幸せである。
・適当な場所に住み、前世には功徳を積んでいて、みずからは正しい誓願を起こしていること〜これがこよなき幸せである。
・博学と、技術と、訓練をよく学び受けて、弁舌巧なこと〜これがこよなき幸せである。
・父母につかえること、妻子を護ることと、仕事に秩序あり、混乱せぬこと〜これがこよなき幸せである。
・施与と、理法にかなった行いと、親族を愛し護ることと、非難を受けない行為〜これがこよなき幸せである。

・悪を厭い離れ、飲酒を制し、徳行をゆるがせにしないこと～これがこよなき幸せである。

（『ブッダのことば』中村元訳／岩波文庫）

このことが私たち全人類に浸透し、遵守されていたならば、この世界には犯罪や戦争なども存在せず、まさに「極楽浄土」となっていたはずです。当然、「超知性」たちとの交流もすでに実現していたでしょう。

釈尊は、人間の悩みや苦しみは無知（無明）から生ずるものであり、それを滅することにより、悩みや苦しみより解放されるという縁起（科学）の理想を知り、諸々の疑いから解放されたといわれます。

また釈尊は、老衰と死に苛まれている人間の拠り所（島・避難所）について、次のように説いていました。

「いかなる所有もなく、執着して取ることがないこと～これが島（非難所）にほかならない。これこそ老衰と死の消滅である。現世においてまったく煩いを離れた人々は、悪魔に伏せられない。かれは悪魔の従者とはならない」

このことは、「般若心経」で説くところの「空」の思想と共通しており、この世（宇宙）の事象は本来、実態のない「空」であり、何事もすべてが「空」であるから、執着心を捨ててしまえばいっさいの苦しみから解放されるという意味です。

これは、イエス・キリストが聖書で述べていたある言葉と同様の意味でした。

「金持ちが天国に入るのは、ラクダが針の孔を通るよりも難しい」

つまり、人間は欲望・執着心が強いほど魂は汚れて霊性を失い、悩みや苦しみも多くなる。ただの「無知なる物質的な肉魂」と化してしまうため、「超知性」からの貴重なメッセージ（ひらめき）が受信できないのです。

結論として、「ひらめき」とは人類が霊的に進化し、「半霊半物質の知的生命体」として転化できるように、常にサポートしている「超知性」からのメッセージなのではないでしょうか。

著者プロフィール　河村龍一

1950年代生まれ。東京経済大学卒。元刑務官。空手道二段、柔道二段。最盛期は、ハーフスクワット220キロ、ベンチプレス160キロを挙げる。精神異常者や薬物（覚醒剤など）中毒受刑者を長年担当処遇してきたため、毎日が総合格闘技の稽古のような壮絶な勤務を強いられていた。被災地復興支援作品執筆のため、平成27年4月から被災地石巻市で4年間、タクシードライバーとして潜入取材を行なっていた。

小学4年生のとき、十数人の同級生と運動会で9機のUFOを目撃して以来、地球外知的生命体に興味を持ち、幼いながら天文学や理科（後に物理学）などを夢中で勉学するようになる。また、3・11の前年に甥っ子の被災死を予知夢で見たり、被災地石巻市内でタクシー乗務員として勤務中、心霊現象に遭遇したことから、霊魂などについて科学的に調査・研究することも大切だと思うようになる。

著書にミステリー小説『真夜中の看守長』（日本文学館／2012年）、ノンフィクション『闇サイト殺人事件の遺言』（ごま書房新社／2013年）がある。

HP 『河村龍一の銀河鉄道の夜』 https://blog.goo.ne.jp/tennen-okita-ret-1

緊急提案！
現代版「ノアの方舟」を建造せよ！
～宇宙規模の破壊的災害からの脱出方法～

2019年12月22日　初版発行

著者／河村龍一

装幀／福田和雄（FUKUDA DESIGN）

編集／五目舎

本文デザイン・DTP／細谷毅

発行者／今井博揮

発行所／株式会社ライトワーカー
TEL 03-6427-6268　FAX 03-6450-5978
E-mail　info@lightworker.co.jp
ホームページ https://www.lightworker.co.jp/

発売所／株式会社ナチュラルスピリット
〒101-0051 東京都千代田区神田神保町3-2　高橋ビル2階
TEL 03-6450-5938　FAX 03-6450-5978

印刷所／創栄図書印刷株式会社

ISBN978-4-909298-08-9　C0095
落丁・乱丁の場合はお取り替えいたします。
定価はカバーに表示してあります。